AF272155

Originalausgabe

Herstellung und Verlag: BoD – Books on Demand, Norderstedt
ISBN: 9783759750655

Pagane Politik

Maximen. Ideen. Visionen.

Das Symbol

Die pagane Welt hat die Politik erfunden. Angesichts der wissenschaftlichen Faktenlage ist das die einzig logische Schlussfolgerung. Die ersten Jahrtausende, in denen wir Menschen politisch gehandelt haben, gab es faktisch nur pagane Politik auf dem Planeten. In diesen Jahrtausenden paganer Politik entstand auch das politische System, das bis heute das moralischste ist: die Demokratie.

Obwohl die Paganen die Politik erfunden haben, ist pagane Politik heute auf der Erde quasi unsichtbar oder wird nicht als solche wahrgenommen. Pagane Politik ist noch nicht einmal auszumachen, wenn wir sie unter einem anderen Synonym für "pagan" wie heidnisch oder naturreligiös suchen. Es lässt sich leider auch nirgendwo explizite, dezidierte heidnische oder naturreligiöse Politik identifizieren. Selbst wenn wir unter den Unterbegriffen für "pagan" suchen, finden wir nichts.

Die pagane Welt hat eine gigantische Zahl an Varianten ausgebildet. Ich persönlich schätze, dass die pagane Welt nicht nur die älteste menschliche Kultur ist, sondern auch die Komplexeste. Ich etwa bin ein nordischer Pagane, auf Englisch bewusst als Norse geschrieben. Daneben gibt es auch heute noch sehr viele andere wie die Shinto, die Konfuzianer, die indigenen Völker der beiden Amerikas, Australiens und Neuseelands, San, Inuit und viele mehr. Eine davon ist der Hinduismus, welcher die zahlenmäßig größte pagane Kultur ist (dass sich darunter eine Vielzahl verschiedener Strömungen subsumiert, muss hier zum Verständnis vorübergehend außer Acht gelassen werden).

Nun ist der Hinduismus in Indien eine Weltmacht und dennoch wird ihre Politik außerhalb Indiens weder als spezifisch hinduistisch, noch pagan wahrgenommen. Gleichzeitig wird die (leider gescheiterte) aktuelle Wirtschaftspolitik der Türkei als klar islamisch und die der USA wenn auch nur latent als christlich wahrgenommen. Das ist traurige Realität, zeigt aber die geringe Bedeutung der Naturreligion – wie erwähnt: Naturreligion, heidnisch und pagan verwende ich bewusst als Synonyme – auf der politischen Weltbühne.

Wie es dazu kam, dass die politische Kraft von der politischen Weltbühne verschwunden ist, die die Politik einst erfunden und die als erste politisch gehandelt hat, soll an dieser Stelle nicht erklärt werden. Die Antwort darauf kennen alle wahren Heiden und alle anderen werden sie im Internet leicht recherchieren können. Hier geht es um die bewusste Rückkehr paganer Politik auf die politische Weltbühne, sodass hoffentlich so schnell wie möglich jedes Kind der Erde wieder weiß, was pagane Politik ist.

Eine politische Bewegung braucht ein Symbol. Dieses muss sie nicht nur richtig beschreiben. Es muss auch etwas sein, woran alle Mitglieder der Bewegung glauben können. Dieses Symbol dient zugleich zur Identifikation als auch zur Motivation aller Anhänger. Es muss zugleich Macht ausstrahlen, als auch alle Mitglieder verbinden.

Man könnte glauben, es wäre schwer, ein solches Symbol für die pagane Bewegung zu finden, weil sie so groß und ihre Mitglieder so verschieden sind. Aber ich werde euch eines zeigen, das alle Anforderungen erfüllen kann und für gefühlte Ewigkeiten erfüllen könnte. Wer jetzt überlegt, dem wird auch auffallen, dass all die guten, schönen und mächtigen Symbole schon vergeben sind. Aber ich werde euch eines geben, das all diese Bedingungen erfüllt, aber meines Wissens noch von keiner politischen Bewegung als zentrales Identifikationssymbol verwendet wird. Dieses mächtige, wunderschöne und gute pagane Symbol ist die Trommel.

Warum hat die pagane Bewegung mehr als jede andere das Recht, die Trommel als ihr Symbol zu benutzen? Die Antwort ist simpel und allumfassend zugleich: Die Paganen haben die Trommeln erfunden. All die Kulturen der Erde, bei denen die ersten Trommeln archäologisch nachgewiesen wurden, waren naturreligiös. Die Trommel ist ein fundamental heidnisches Instrument. Sie wurde außerdem von allen naturreligiösen Traditionen der Vergangenheit verwendet und als Element der Drums findet sie sich auch in allen neuen naturreligiösen Strömungen.

Warum kann uns die Trommel führen und wie kann die Trommel uns Heiden in ein besseres Zeitalter führen? Wer die Trommel nicht kennt, dem sei versichert, sie ist mächtiger als jede Waffe, die wir derzeit in unseren Arsenalen horten. Seit Jahrtausenden haben die wilden

Trommelschläge die Armeen in die Schlacht geführt. Ihr Schlag hat das Blut der Männer kochen lassen und sie in mächtige Krieger verwandelt. Auch heute noch treiben die Beats in ihren Kopfhörern Millionen Menschen täglich an, sich den Herausforderungen dieser Welt zu stellen.

Neben der Macht, welche die Trommel zweifelsfrei besitzt, ist sie wunderbar. Trommeln gibt es in zahllosen Varianten und wenn ich hier von der Trommel rede, dann meine ich sie in ihrem kompletten Spektrum, das alle Schlaginstrumente oder Perkussion inklusive den Digitalen umfasst; dennoch benutze ich bewusst nur das Wort Trommel, um all das gedanklich zu umfassen. Und diese Trommel kann euer Herz bewegen, wie es wahrscheinlich sonst keine Macht auf Erden kann.

Ich bin kein Schreibtischtäter, der sich alles nur aus den Fingern saugt, ohne draußen in der Welt gewesen und gelebt zu haben. Fast ein Jahrzehnt war ich Mitglied einer Trommelgruppe, welche sich auf politische Auftritte spezialisiert hatte. Dabei haben wir an Umzügen, Auftritten und großen Demonstrationen mit bis zu einer Viertel Million Menschen teilgenommen, wenn wir das Anliegen moralisch unterstützenswert fanden. In dieser Zeit habe ich viel über Politik gelernt; vor allem habe ich die Kraft der Trommel als politische Waffe lieben gelernt.

Meine Aufgabe in der Trommelband war eine Doppelte. Zum einen war ich einer der Stammtrommler. Als zweites trug ich ein Megafon, durch das ich unsere politischen Slogans und Texte rhythmisch schrie. Ich erinnere mich an mehrere Veranstaltungen, bei denen wir den Zug der Demonstranten aus vielen tausend Menschen angeführt haben. Unsere Trommeln, die etwa die Größe von Fässern hatten, waren auf Bretter mit kleinen Rollen gestellt, die gezogen wurden. Wir rollten vor dieser riesigen Menschenmasse her und ich rief unsere politischen Botschaften ins Megafon und die Masse aus tausenden Kehlen hat sie wiederholt, wie ein Call and Response in der Musik. Diese Momente waren episch.

Die Trommel ist eine pagane Erfindung. Es waren Naturreligiöse, die jahrtausendelang getrommelt haben, ehe eine andere Kultur als die Heidnische auf der Erde nachweisbar war. Die Trommel wurde auf vielfache Art und Weise in den archaischen Kulturen verwendet. Sie war ein spirituelles Werkzeug. Der Schamane nutzte sie, um die Lebensenergie seiner Patienten zu stimulieren. An den Feuern wurde sie benutzt: Die Männer, Frauen und Kinder des Clans nutzten sie, um sich im heiligen Kreistanz in Trance zu versetzen, um mit der spirituellen Dimension zu verschmelzen. Dann wurde sie auch von den Kämpfern genutzt, um sich in Rage zu trommeln, damit so der innere Krieger entfesselt wird und natürlich liefen die Trommler vorneweg und führten die Armeen in ihr Schicksal.

Die grenzenlose Macht der Rhythmen, die in allen Trommeln steckt, ist wie Magie. Der Glaube an die Magie ist dieser Tage nicht weit verbreitet, aber jede:r hat schon die Macht der Trommeln erlebt. Ist es nicht eine Form von Magie, die ihnen innewohnt, mit der sie ganze Massen bewegen kann? Riesige Konzerte, Straßenfeste oder der Reigen ums Feuer; bei allem ist es der Rhythmus, der die Menschen zum Tanzen bringt. Das ist wahre Magie.

Die Trommel zu führen, muss gelernt werden. Natürlich kann jedes Kind mit einem Schlägel auf ein Trommelfell draufschlagen und im Rhythmus seines Herzens trommeln. Das ist gut und wunderbar. Doch die Trommel ist mehr als ein intuitives Instrument. Nach langem, konzentrierten Üben offenbart sie große Geheimnisse. Zudem hat sie auch die Macht, uns alle untereinander zu verbinden, wenn wir gemeinsam trommeln.

Wenn ich von der Trommel als Symbol spreche, dann meine ich definitiv damit, dass wir sie auf unsere Fahnen, Shirts, Plakate, Webseiten und AppIcons drucken. Zugleich verstehe ich die Trommel auch als direktes politisches Instrument. Wir Heiden haben eine Botschaft für die Welt. Was hindert uns daran, mit unseren Trommeln vor die Botschaften und Häuser der politischen Vertretungen zu ziehen und sie trommelnd wissen zu lassen, dass wir da sind?

Übung macht den Meister. Die Meisterin übrigens auch. Falls wir die Macht der Trommel als politische Waffe nutzen wollen, müssen wir sie spielen lernen, wie in der alten Zeit die Schwertkämpfer erst lernen mussten, ihre Klinge zu führen, bevor sie sich ihren Gegner stellen und zu Legenden werden konnten. Dieser Weg ist das Schicksal all jener, die etwas großes vollbringen wollen. Ohne Schweiß keinen Preis! Wir müssen so lange trommeln, bis wir mit unserer Trommel verschmelzen und zu einer Einheit werden. Dann können wir mit ihr Großes vollbringen.

Ich bin ein Kind dieser neuen Zeit und zugleich durch meine Ahnen verbunden mit der Alten. So wie ihr wahrscheinlich auch, wenn ihr das dieser Tage lest und ein:e Heide:in seid, die den Ahnenkult pflegt. Für mich vereint sich das in der Trommel. Ich habe diese schön bemalte Schamanentrommel mit dem Bild eines edlen weißen Wolfes, der den Mond anheult. Dann habe ich auch ein gute DAW auf dem Computer, um digital Beats zu zaubern. Beides tue ich gerne und ich mag das Gefühl mit beiden Welten verbunden zu sein. Ich weiß, viele tun sich schwer mit der neuen Zeit und den ständigen neuen technischen Entwicklungen. Aber die einzige Antwort auf die Angst vor dem Unbekannten ist der Mut, dem Unbekannten entgegen zu segeln. Genau hier kommen wir zurück zur Trommel. Denn ich verspreche euch: Sie wird euch Stärke, Mut und Selbstvertrauen schenken, nur indem ihr sie mit ganzem Herzen spielt.

Eine kleine Gruppe von Trommeln kann hunderte Heiden bewegen, politisch für ihr Recht aufzustehen. Eine gut eingespielte Einheit paganer Trommler kann vor den Regierungssitzen die Aufmerksamkeit der Medien auf sich ziehen und so unsere heidnische Position allen Menschen bekannt machen. Die Trommel gibt uns so viel. Sie wird uns als Symbol vereinen. Sie wird das Feuer in unseren

Seelen entzünden, um jede politische Macht in die Knie zu zwingen, die uns Heiden unsere Freiheit rauben will.

Die Trommel ist das Symbol, mit der Kraft unsere pagane Bewegung zu führen. Als einfaches Symbol können wir sie auf unsere Fahnen drucken, die über unseren Köpfen wehen und uns daran erinnern, dass wir eine Einheit sind. Das ist die Aufgabe eines Symbols: Es soll uns zu einer unzerstörbaren Einheit schmieden und ich garantiere euch, wenn die pagane Bewegung eine unzerstörbare Einheit geworden ist, dann wird sie wieder an der Spitze der politischen Weltbühne stehen.

Die wichtigste Aufgabe der Politik

Die Hauptaufgabe der Politik ist es, genug Essen auf die Tische der Menschen zu zaubern und die Unternehmen reich zu machen. So einfach wie das klingt und es ist hier sicher vereinfachend ausgedrückt; aber das ist alles, was Politik schaffen muss. Wenn die Menschen genug zu essen, ein sicheres, warmes Heim und eine Aufgabe im Leben haben und die Firmen des Landes erfolgreich wirtschaften, dann haben die PolitikerInnen ihren Job richtig gemacht. Wer glaubt, dass es eine andere Aufgabe gibt, die die Politik erfüllen muss, hat weder die Welt verstanden, noch hat er bisher eine Ahnung davon erlangt, was Politik bedeutet.

Wer glaubt, es gehe in der paganen Politik darum, nette kleine religiöse Rituale durchzuführen oder dafür zu sorgen, dass die Naturreligiösen ihre Rituale sicher vor Verfolgung abhalten können, schadet mit seiner Naivität der paganen Bewegung. Viele unserer paganen Rituale sind wunderbar und definitiv müssen wir einen Weg finden, dass wir sie in allen Ländern dieser Erde abhalten können, ohne staatliche oder sonstige Verfolgung fürchten zu müssen. Aber das ist nicht die Hauptaufgabe der Politik, noch der Paganen Partei.

Von allen bisher existierenden politischen Systemen halte ich ausschließlich die Demokratie für in der Lage, eine gerechte Gesellschaft hervorzubringen. Alle anderen Systeme haben sich disqualifiziert. Ob es die Millionen Menschen sind, die von Faschisten und Kommunisten ermordet wurden oder die ewig dauernde Unterdrückung durch Priester, Adlige und Finanzoligarchen, sie alle haben mit Blut und Gewalt regiert und die Welt zu einem schlechteren Ort gemacht. Keinem davon außer der Demokratie wohnt die Macht inne, eine sozial gerechte Welt zu realisieren.

Der große Vorteil der Demokratie ist, dass die Macht unter ihren Mitglieder gleich verteilt ist und dass das Gesetz die höchste Autorität darstellt; wobei klar die Möglichkeit die Herrschenden abwählen zu können, wohl das Beste an der Demokratie ist. Natürlich gibt es verschiedene Grade der demokratischen Ausprägung und nur weil Demokratie auf einem Land draufsteht, muss noch längst keine drin sein, wie in dem Land, in dem ich einst geboren wurde. Deshalb will ich noch das wichtigste Nebenmerkmal einer echten Demokratie nennen, bevor wir weitergehen: eine freie und geschützte Opposition.

In einer freien Gesellschaft sind wir Pagane nur eine von vielen sozialen Gruppen. Auch wenn Faschisten, Kommunisten und Fundamentalisten endlos Gewalt säen, um ihre Bewohner gleichzuschalten, so gibt es kein Land der Erde, in dem es nur eine soziale Gruppe gibt. Eine Demokratie ist in verschiedene Interessengruppen unterteilt und diese organisieren sich in Parteien, um ihre Interessen politisch zu erreichen. Wir sind die Paganen oder Naturreligiösen. Wir organisieren uns in der Paganen Partei, um unsere naturreligiösen Bedürfnisse zu erfüllen.

Wenn wir als Naturreligiöse wieder ein entscheidender Faktor in den Parlamenten der Erde werden wollen, dann müssen wir uns auf das Wichtige konzentrieren. Die Kernaufgabe ist die Menschen zu versorgen und die Wirtschaft anzukurbeln. Das und ich meine nur das, ist die Aufgabe, die die pagane Politik zu erfüllen hat. Natürlich kann das auf unzählig vielen verschiedenen Wegen geschehen. Genau deshalb gibt es die Wahl, damit sich die beste Partei durchsetzt, um die Menschen zu versorgen. Die Geschichte beweist auch, dass langfristig die Systeme, in denen die Führung abgewählt und ersetzt werden kann, erfolgreicher sind. Außerdem gibt es uns Paganen die Chance immer das Beste geben zu dürfen, um gewählt zu werden.

Vordergründig kann die Hauptaufgabe der Politik nur durch eine erfolgreiche Wirtschaftspolitik erfüllt werden. Die Wirtschaftswissenschaft ist eine Sozialwissenschaft. In ihrem Zentrum steht die Frage, wie die knappen Ressourcen bestens verteilt und genutzt werden können. Davon ist das Glück aller Menschen abhängig und deshalb ist die Wirtschaft sehr wahrscheinlich die wichtigste Sozialwissenschaft, da sie die größte Macht besitzt, die Menschen wirklich glücklich zu machen. Denn hungrige Mägen sind gefährlich für den Staat. Es sind nicht die Pleitewellen, die den Kriegen folgen, sondern den landesweiten Pleitewellen folgten immer soziale Unruhen, Aufstände und Kriege.

Die schlimmsten Feinde einer Bewegung sind selten die Äußeren. So ist es auch für jeden einzelnen von uns. Haben wir in unserem Herzen alle Feinde besiegt, dann können uns die Feinde in der Außenwelt nichts mehr anhaben. Dennoch sind die esoterischen Spinner und Verschwörungstheoretiker (auch die weiblichen davon) die größten inneren Feinde der paganen Bewegung. Ich glaube an die höheren Mächte, aber deswegen bin ich kein Verrückter, der hinter allem eine Weltverschwörung sieht. Mein Glaube beruht auf logischen Argumenten und einer zehntausende Jahre alten Tradition. Niemals würde ein ehrenwerter Heide seinen Verstand abgeben. Denn dieser hat uns durch die harten Winter in der fernen Vergangenheit geführt und er wird uns in die Zukunft führen.

Was uns erwartet, ist nun mal unvorhersehbar. Ja, es gibt Zeichen. Es gibt Träume und es gibt Prophezeiungen. Aber am Ende gewinnt der Mensch, der am klügsten handelt und am härtesten arbeitet. Das gilt auch für unsere Pagane Partei und ihre Wirtschaftspolitik. Wenn wir uns ein solides Ansehen und einen guten Ruf unter den Menschen erarbeiten wollen, dann wird unsere größte Herausforderung in der Wirtschaftspolitik liegen.

Ehre

Am Ende zählt unser goldenes Herz. Das wussten schon die Ägypter, wenn sie das Herz des verstorbenen Pharaos gewogen haben. Es enthüllte sein wahres Wesen. In ihm vermuteten sie den Sitz des Verstandes und der Gefühle, etwas das ich auch glaube, wobei ich das spirituelle Herz meine und nicht das materielle. Es ist der Charakter eines Menschen, der zählt.

Anstand und Ehre sind Tugenden, die verloren zu sein scheinen. Heute scheinen die Menschen bereit zu sein, alles über den Haufen zu werfen, nur um fünf Minuten Ruhm in den sozialen Netzwerken oder im TV zu haben. Integrität ist noch seltener geworden als Loyalität. Die Menschen tauschen nicht nur ihre Liebespartner häufiger als ihre Unterhosen, sie sind auch bereit ihre wahren Werte aufzugeben, für ein größeres Stück vom finanziellen Kuchen. Versteht mich nicht falsch. Ich bin

Heide und wir sind bekannt für unsere ausschweifenden Feste und in meiner Vergangenheit habe ich mir intensiv meine Hörner abgestoßen. Ich verstehe es gut, wenn die Jugend das auch tut, um Erfahrungen zu sammeln und um herauszufinden, wer sie wirklich sind. Aber deswegen hätte ich niemals meine Werte aufgegeben.

Das Wort Ehre hat seinen Glanz verloren, weil es so oft missbraucht wurde. Zu oft haben sich genau die damit geschmückt, die keinerlei Ehre besaßen. Aber trotzdem hat Ehre seine Bedeutung nicht verloren. Was bestimmt die Ehre eines Heiden? Im Endeffekt tut es kein Mensch. Es sind die höheren Wesen, denen wir Heiden so viele Namen gegeben haben, wie es Sprachen auf diesem kleinen blauen Planeten gibt. Sie sind es, die über uns wachen und sie sind es, die über uns richten.

Der Charakter eines Menschen bestimmt die Ehre, die wir erlangen werden. Charakter ist alles. Dieser einfache Satz fasst mehr zusammen als hundert Bücher über Persönlichkeitsentwicklung. Ein schwacher Charakter wird brechen wie ein vertrockneter Baum im Sturm. Aber ein starker wird sich im Wind biegen wie die Birken, aber er wird nicht brechen, sondern aufrecht stehen wie die großen Eichen. Eine Bewegung umfasst viele Menschen. Doch wir alle wissen, es sind immer nur wenige, die aus der Masse herausstechen. Sie sind es, die die anderen inspirieren und ihnen ein Vorbild sind. Falls du eine:r von ihnen werden willst, dann musst du einen starken Charakter entwickeln.

Der Charakter eines Menschen muss geschmiedet werden wie ein Schwert. Keine von uns bekommt einen starken Charakter geschenkt. Eben deshalb werden jene, die diese Arbeit vollbringen so sehr verehrt. Denn es ist eine schwere Aufgabe, einen Charakter zu schmieden, der in den Stürmen bestehen kann, ohne zu brechen und seine Integrität und Loyalität zu verlieren, nur weil mal nicht alles perfekt ist. Wenn ein Schwert nicht richtig geschmiedet wird, kann das Material spröde werden. Oder es ist schlecht ausbalanciert, dann lässt es sich im Kampf nicht gut führen. Oder wenn der Schmied die Metalllegierung schlecht ausgewählt hat, wird es zu schwach, um den Belastungen im Gefecht standzuhalten. So ist es auch mit dem Charakter.

Es ist schwer, schon in jungen Jahren einen starken, wendigen und tugendhaften Charakter zu entwickeln. Leider zeigen uns viele alte Menschen, dass es im Alter nicht leichter wird. Aber es ist die Arbeit, die jede:r von uns leisten muss, um echte Ehre zu erlangen. Nach der Erziehung der Kinder und dem Dienst fürs Volk ist es sicher die größte Lebensaufgabe. Mehr noch, weil die beiden anderen Aufgaben nur mit einem anständigen Charakter gemeistert werden können. Es ist die Aufgabe des Lebens und es ist das Fundament, das die pagane Bewegung unsterblich machen wird.

Ein weiterer innerer Feind tritt in diesem Zusammenhang besonders auf der Nordhalbkugel in den paganen Zentren auf. Gemeint sind die Rechten. Egal ob weiße Rassisten,

Antisemiten oder militante Kameradschaften; sie haben in den letzten Jahren das Heidentum für sich entdeckt. Das umfasst nicht nur den Kult um Odin und Thor, sondern erstreckt sich auch als Interesse bis zu den Schamanen Sibiriens, den Kulten Indiens und den indigenen Stämmen Nordamerikas. All das ist völlig unsinnig und unlogisch. Mein liebstes Gegenargument ist: Wir wissen gar nicht, ob alle Götter Asgards hellhäutig sind. Es ist gut möglich, dass der archaische Gott Tiwaz pechschwarze Haut hat. Auch die Geschichte zeigt, wie fehl Rechte in der paganen Bewegung sind und wie sehr wir unsere Ehre verlieren, wenn wir sie nicht verbannen.

Das rechte politische Spektrum entstand in Europa mit dem Beginn der Neuzeit. Es war in Frankreich in der Zeit vor der Revolution, als sich die Stände trafen. Sie ordneten sich damals zu Fraktionen auf den Sitzen. Jene, die der Kirche, vor allem der katholischen Kirche und dem Papst verpflichtet waren, sammelten sich auf der rechten Seite und so entstand das rechte Lager, dass historisch gesehen immer zuerst das Lager der Kirchentreuen war.

Das ging auch in Deutschland in der Revolution so weiter. Es überlebte auch später noch. Denn zu Beginn der nationalsozialistischen Bewegung in der SA war es quasi vorgeschrieben, katholisch zu sein, eben auch weil der Faschismus eine Erfindung des katholischen Italiens war. Ihr seht, politisch rechts zu sein bedeutet historisch und etymologisch zuerst pro-kirchlich und pro-christlich zu sein. Selbst der weiße Rassismus ist eine Erfindung von christlichen Fundamentalisten wie Arthur de Gobineau.

Wer jetzt glaubt, pagan wäre das linke Lager, hat weder die Geschichte studiert, noch besitzt er oder sie Ehre. Die Linken sind nicht anders als die Rechten, außer das sie extrem anti-religiös sind. Kein echter Pagane darf sich dem linken Spektrum zuordnen. Die Linken haben im letzten Jahrhundert viele Dutzend Millionen Menschen ermordet und dabei vorsätzlich jedes Verbrechen begangen, welches sie den Rechten so oft vorwerfen. Ich persönlich mag sie deshalb so wenig, weil ich in einem Land geboren worden bin, das von einer linken Diktatur beherrscht wurde. Nichts ist verlogener als zu Glauben, die Linken könnten für Freiheit und soziale Gerechtigkeit stehen. Das haben sie nie getan! Ich gehe sogar soweit zu sagen: Die Linken und die Rechten sind wie zweieiige Zwillinge. Sie haben deutlich mehr Gemeinsamkeiten als Unterschiede.

In den legendären Tagen unserer Vorfahren, von denen die großen Romane erzählen, zählten die Tugenden am höchsten. Es war der Mut des Kriegers, der seinen Namen unsterblich machte. Es war der Fleiß des Bauern, der ihm reiche Ernte brachte. Es war der Anstand der Ehefrau, der ihr einen guten Ruf schenkte. Wir leben nicht mehr in der alten Zeit. Angesichts der vielen Fortschritte in der Medizin bin ich darüber froh, vor allem wenn ich Zahnschmerzen habe. Es hat sich sehr viel seit damals verändert, aber eine Sache ist gleichgeblieben: Die Tugenden zählen noch immer als das Höchste.

Es macht den Eindruck, als ob Geld und Reichtum heute viel wichtiger sind. Aber nicht nur trügt dieser Eindruck, ihm widersprechen auch die meisten Reichen. Liest man ihre Autobiografien oder hört Interviews, dann betonen sie immer wieder wie wichtig es war, dass sie bestimmte Tugenden erlernten, bevor sie reich werden konnten. Zudem wird jedem klarwerden, der darüber nachdenkt, dass jemand, der über schlechte Tugenden verfügt, seinen Reichtum leichtfertig riskieren oder verlieren wird.

Wenn wir Paganen wieder eine führende Rolle in der Welt einnehmen wollen, dann hängt das von unseren Tugenden ab. Falls wir es nicht schaffen und auch dass wir es in den letzten Jahrhunderten nicht geschafft haben, lag und liegt an einem Mangel an den richtigen Tugenden. Während wir die Vergangenheit nicht ändern können, so können wir unsere Zukunft besser schmieden.

Natürlich braucht jede:r, der oder die in dieser Welt erfolgreich sein will, ein Mindestmaß an Tugenden. Ohne ein bisschen Mut und Fleiß kann keine:r etwas erreichen. Für unsere pagane Bewegung brauchen wir mehr als nur ein Mindestmaß. Zum einen haben wir dieses bereits. Zum anderen wollen wir hoch hinaus und das geht niemals mit Mittelmäßigkeit. Was wir brauchen, sind mutige, hart arbeitende und auch kluge und lernwillige Protagonisten in der Bewegung der paganen Politik.

Charisma ist auch eine Tugend. Leider eine die wegen der sozialen Medien alles bestimmend geworden ist. Wir brauchen auch charismatische Persönlichkeiten, die uns in der Öffentlichkeit gut aussehen lassen. Doch wenn wir nur darauf setzen, werden wir platzen wie ein Luftballon, der zu weit aufgeblasen wurde. Das liegt daran, dass Charisma letztendlich oberflächlich ist und keine Tiefe besitzt. Tiefe bezieht sich hier auf die Dimension der Tugenden, die wirklich großartig machen. Wir brauchen mehr als Charisma, wenn wir die pagane Bewegung sicher durch den Ozean der politischen Welt steuern wollen. Anders gesagt, ohne tiefgründige Tugenden werden wir sinken wie die Titanic.

Wenn Tugenden so wichtig sind, warum werden sie dann so selten zur Vollkommenheit entwickelt und noch wichtiger: Wie entwickeln wir die höchsten Tugenden? Die hohe Schule der Tugenden stellt sich den schwersten Prüfungen. Damit könnte schon alles gesagt sein. Nun ist das deshalb nicht so einfach, weil fast alle von uns innerlich nicht stark genug sind, sich einfach den schwersten Prüfungen triumphierend zu stellen. Diese Eigenschaft besitzen nur die Allerwenigsten. Für alle anderen von uns bleibt nur der zweite, nämlich der lange Weg. Dabei handelt es sich um den Weg des Übens. Wir können es auch als Training, exerzieren oder lernen bezeichnen. Das ist irrelevant, weil es immer darum geht, sich kontrolliert Aufgaben vorzunehmen, diese dann zu lösen und dadurch das Level der Tugenden zu erhöhen.

Das ist der Weg, den die meisten von uns gehen müssen. Auch bei mir ist das der Fall. Nur wenn ich täglich übe und lerne, kann ich irgendwann hohe Tugenden erlangen, die es mir dann erlauben, mich den schwersten Prüfungen zu stellen. Die pagane Bewegung braucht junge Männer und Frauen, die sich schulen, um die höchsten Tugenden zu erlangen und sie dann in den Dienst der Paganen Partei zu stellen. Erst wer wirklich verstanden hat, dass er zum Schmied seiner selbst werden muss, kann ein Stern in der paganen Bewegung werden.

Was mir bleibt, ist ein Aufruf: Schmiedet eure Tugenden und verschwendet euer Leben nicht! Kluge Männer sagen, dass einer von zwei Schmerzen unvermeidbar ist. Es ist entweder der Schmerz aus harter Arbeit, glühendem Schweiß und eiserner Disziplin. Oder es ist der Schmerz der Reue. Aus persönlicher Erfahrung kann ich bestätigen, dass der Schmerz der Reue größer ist. Seitdem ich einst von Reue gequält wurde, habe ich mit Erfolg begonnen, alles zu tun, was ich wirklich will. Denn noch einmal will ich nicht in das tiefe, dunkle Loch der Reue fallen. Ich empfehle euch, alles zu geben. Egal wie sehr die Anstrengung schmerzt, die ihr dafür aufbringen müsst oder die (vernünftigen) Opfer, die ihr bringen müsst, es wird weniger schlimm sein als der Schmerz der Reue.

Schutz der heiligen Mutter Erde

Im vorletzten Sommer war es so heiß und trocken, dass hinten im Garten die Nadelbäume ihre Nadeln verloren haben. Mitten im Hochsommer war alles mit braunen Nadeln übersät, die traurig auf dem Boden herumlagen. Zwei Gärten weiter sind zwei sehr hohe und alte Nadelbäume sogar ganz vertrocknet und mussten gefällt werden. Sie standen solange da, wie ich denken kann. Selbst meine Mutter war schockiert. In ihren über sechzig Jahren hat sie keinen einzigen Sommer erlebt, in dem die Nadelbäume im Garten hinter unserem Haus ihre Nadeln verloren haben.

Überall auf der Welt berichten die Menschen von diesen Ereignisse. Gerade heute sah ich im TV einen Bericht. In Spanien wurde mitten im Winter der Wassernotstand ausgerufen. Die Natur verändert sich in einem so schnellen Tempo, dass wir alle in Gefahr sind. Aus spiritueller Sicht stellt sich natürlich die Frage, ob die Natur damit begonnen hat, zurückzuschlagen, nachdem wir seit fast tausend Jahren Krieg gegen sie führen?

Wir sind die Naturreligiösen, denn pagan bedeutet nichts anderes als naturreligiös zu sein. Bei den ungebrochenen paganen Kulturen der Erde finde ich überall glorreiche, aber auch verzweifelte Beispiele, sich dem Raubbau an unserer heiligen Mutter Natur entgegenzustellen. Der Widerstand der Standing Rock ist weltweit zu einer Legende geworden. Aber auch die First Nations in

Australien sind Hüter der Umwelt. Ebenso erreichen mich immer neue Berichte von den indigenen Völkern aus den verbleibenden Regenwäldern Südamerikas, die sich gegen die Zerstörung des heiligen Waldes einsetzen.

In der wieder erstarkenden paganen Bewegung Europas und Nordamerikas hat der Umweltschutz bisher eine marginale Bedeutung. Das ist sehr traurig. Gerade im germanischen Heidentum sind Bäume heilige Wesen. Wenn plötzlich heilige, alte Baumriesen in Massen sterben, sollten die Heiden Germaniens alles liegen lassen und sich ihrem Schutz verschreiben, statt ihre Zeit auf Facebook oder in anderen Social Media Plattformen zu verschwenden.

Wie könnte ein wahres Herz schweigen, wenn die Natur unseres heiligen Heimatplaneten beginnt zu kollabieren? Wir sind Kinder der Natur. Vor vielen zehntausend Jahren hat sie uns geholfen, einen Weg einzuschlagen, der uns zur führenden Spezies der Erde gemacht hat. Deshalb ist es unsere Pflicht, ihr beizustehen und für sie zu kämpfen.

Unter paganen Konvertiten in der westlichen Welt ist die natürliche Verbindung zur Natur viel geringer ausgeprägt als bei den ungebrochenen Heidenkulturen, die es rund um den Erdball gibt. Das an sich ist kein Grund zur Besorgnis. Vielmehr sollte uns sorgen, dass ihre Spiritualität sich häufig aus dem Konsum von Filmen und Liedern entzündet hat und sie dann nicht bereit sind, den finalen Schritt zu gehen, der sie weg von der zivilisierten und zurück in die natürliche Welt führt. Dass naturreligiös zu werden, der natürliche Schritt jeder Spezies ist, die sich aus dem Tierreich erhebt, habe ich bereits in meinem Buch „Die Pagane Partei" angedeutet. Innerhalb dieser ursprünglichen und deshalb unserer natürlichen Art ist die Verbindung zwischen Mensch und Natur das Fundament. Jemand der so lebt, dem wird beim unnützen Tod eines heiligen Baumes das Herz zerreißen.

In meiner Kindheit hat man uns die Legende erzählt, dass die indigenen Amerikaner in den USA niemals mehr von der Natur nehmen, als sie brauchen. Auch erklärte man uns Kindern, dass sie alles immer sauber machten, wenn sie im Wald kampierten. Es sollte immer so aussehen, als wären sie nie dagewesen, um die Natur zu schützen. Das sind schöne Kindergeschichten, an denen sicher sehr viel wahres dran ist. Dennoch machen alle Naturreligiösen der Erde derzeit keinen guten Job.

Wenn das Klima sich weiter zu unseren Ungunsten verändert, werden wir vielen sekundären Problemen ins Gesicht sehen müssen, welche aus dem Klimawandel hervorgehen. Dazu zählen die tendenziell harmlosen, wie Preissteigerungen und Inflation. Aber es kommen eben auch schwerwiegende hinzu, wie der enorme Anstieg der Flüchtlingsströme, Versorgungskrisen und leider müssen wir auch mit einem Anstieg von Verteilungskriegen rechnen. Letzteres könnte Autokratien massiv stärken und politisch freie Länder mit fairen Gesetzen, die im Einklang mit den Menschenrechten handeln, destabilisieren. Das wiederum steigert die allgemeine Kriegsgefahr.

Dass wir keine Wahl haben, als zu kämpfen, ist leider längst traurige Realität. Allerdings glaube ich nicht, dass dieser Kampf durch Streiks oder Aufstände gewonnen werden kann. Kein noch so großer Streik hat das Potential den Klimawandel zu stoppen. Wer das glaubt, macht sich lächerlich. Solche Aktionen wie sich auf der Straße festzukleben oder alte Bilder großer Maler mit Suppe zu bespritzen, sind wohl die Krönung der Dummheit. Diese Leute sind wohl die größten inneren Feinde jeder echten Klimapolitik.

Natürlich wird es uns dem Ziel einen großen Schritt näherbringen, wenn wir zu unserem natürlichen Zustand zurückkehren. Wir sind Kinder der Natur. Das ist der wahre Urzustand unserer Art und er ist heilsam. Zur Natur zurückzukehren, heißt dabei nicht unsere Städte und die Maschinen aufzugeben, denn auch sie sind nur Teile der Natur. Es heißt, sich auf einer spirituellen Ebene in Einklang mit der Natur zu bringen. In Tokio soll es solche Orte geben, wo die Menschen mitten in der größten Stadt der Welt in diesem Einklang leben. Müßig zu sagen, dass das Shinto eine bewundernswerte pagane Kultur ist. Was ich prognostiziere, ist, dass diese Verbindung, wenn sie wirklich echt und tief ist, sehr heilsam sein wird. Viele Zivilisationskrankheiten wie Neurosen, Depressionen, Süchte und Essstörungen würden sich ganz natürlich verringern.

Allerdings hätte jeder Recht, der mich einen Narren schimpft, wenn ich glauben würde, dass das ausreichen könnte. Weder werden uns Streiks, noch Petitionen und schon gar nicht Sitzblockaden auf den Straßen retten. Das einzige was uns retten kann, ist die richtige Art harter Arbeit. Nur darin liegt die Lösung unseres aktuellen Umweltproblems. Nur damit können wir einen Weg finden, um unsere Baumfreunde zu retten und nur so können wir den Aufstieg weiterer Diktaturen verhindern, welche sonst im Schatten des Klimawandels entstehen werden.

Was ist diese richtige Art harter Arbeit? Alles beginnt mit der Analyse des Problems. Zu unserem Vorteil ist diese Arbeit bereits geleistet worden. Wir wissen genau, was die Mechanismen sind, welche die heilige Natur zerstören. Was uns jetzt noch fehlt sind Werkzeuge, Strategien und Menschen, um alle Ursachen des Klimawandels zu zerstören.

Wenn die Meere steigen. Wenn die Wüste einen grünen Flecken nach dem anderen frisst. Wenn der letzte Adler über den Steppen fliegt, wird es zu spät sein. Aber es ist noch nicht zu spät! Es ist noch Zeit, das Ruder herumzureißen und einen besseren Kurs zu setzen. Alles was es dafür braucht, ist eine Bewegung. Wer könnte die Bewegung anderes sein als die Kinder der Erde. Wir Naturreligiösen sind die Kinder der Erde und ihre ältesten Erben. Die Buchmonotheisten glauben an einen Himmel, zu dem sie wollen, der nichts mit dieser verfluchten Erde zu tun hat. Deshalb ist ihnen die Natur egal und dient nur, um ihre Habgier zu befriedigen. Seit mindestens drei

Jahrhunderten sind sie die größte Macht des Planeten und im Klimawandel, welcher das Potential hat, mehr Schaden unter uns Menschen anzurichten als jeder Krieg zuvor, sehen wir das Ergebnis ihrer weltweiten Politik.

Wir müssen uns hinsetzen und ökonomische Strategien und Produkte entwickeln, die alle Bedürfnisse befriedigen, die bisher von den Klimaschädlichen befriedigt wurden. Wir müssen auf den Weltmärkten Standards etablieren, die Wachstum garantieren, ohne dass sie den Ast absägen, auf dem wir sitzen. Dass das möglich sein muss, steht angesichts der technischen Entwicklung, die wir im letzten Jahrhundert erlebt haben, außer Frage.

Wir müssen eine innere Ethik und Charakterstärke entwickeln, damit wir nicht jeder kleinen Werbung zum Opfer fallen und dann jedes Produkt kaufen wie moralisch gebrochene Heroinsüchtige, egal ob es Natur und Mensch Schaden zufügt. Wir müssen uns an unsere Arbeitsplätze setzen und Tag und Nacht tüfteln, grübeln und forschen, bis wir echte Lösungen gefunden haben. Dabei dürfen wir niemals unflexibel oder unreflektiert werden. Zu viele haben Lösungen gesucht und es dann noch schlimmer gemacht. So wie die Kommunisten im Kampf gegen den Kapitalismus ein Wirtschaftssystem geschaffen haben, das nicht nur größere Wirtschaftsverbrechen begangen hat als der Kapitalismus, sondern sogar größere als jedes andere Wirtschaftssystem bisher.

Wahre Größe bedeutet Verpflichtung. Niemals unter der göttlichen Sonne werden große Muskeln und Brüste oder viel Geld ein Beweis für wahre Größe sein, auch wenn wahre Größe natürlich viel Geld besitzen darf. Was wahre Größe ist, ist eine Verpflichtung, den Dienst zu erfüllen, egal wie hart es ist und gegen alle Widerstände. In diesen Zeiten, da der Klimawandel und immer mehr korrupte Autokraten die Sicherheit aller Menschen bedrohen, ist diese Pflicht eindeutig. In unserer Zeit wird sich wahre Größe nur daran messen lassen, sich diesen Problemen gestellt zu haben und nicht ob man einen Oskar gewinnt oder gut an den Aktienmärkten hebeln kann.

Wer durch den Wald spaziert, wird etwas spüren. Auf einer unsichtbaren Ebene wird sich etwas zwischen dir und der Natur verbinden. Diese Verbindung ist so alt, dass kein Buch davon jemals Zeugenschaft ablegen könnte, noch eine digitale Maschine. Sie ist der Grund unseres Seins. Sie ist die Wurzel, die uns innerlich fest und stabil macht. Sie ist unsere spirituelle Heimat. Jede:r die/der von ihr getrennt ist, wird auf spiritueller Ebene bluten. Jeden Tag den er/sie es weiter hinauszögt, droht ihr/ihm die Gefahr spirituell auszubluten und zu einer leeren Hülle zu werden, die außer wie ein Zombie Gehirne fressen, nichts anderes mehr kann, als völlig stumpf Produkte zu konsumieren.

Es ist genau diese spirituelle Verbindung zur Natur, die mir Hoffnung schenkt. Wir sind nicht verloren, solange sie in uns weiterlebt. Mag der Glaube an übermächtige Güter uns geblendet haben, so sind wir trotzdem nicht blind geworden. Alle die am Meer stehen und hinaussehen und dann in sich diese Macht spüren, beweisen, dass diese spirituelle Verbindung noch immer lebt. Erklimmt die höchsten Berge und dann spürt die Magie. Diese Erde ist ein heiliger Tempel. Sie steht noch immer fest, wir müssen nur staubsaugen und mit dem Besen durchkehren. Diese Reinigung muss in uns geschehen, damit wir uns wieder auf die Werte konzentrieren können, die wirklich gut sind und auch nur die Angebote kaufen, welche diese Werte beinhalten.

Globales paganes Bewusstsein

Dieser Planet ist so viel größer, als sich irgendeiner von uns vorstellen könnte. Die Wunder, die dort draußen warten, sind unvorstellbar. Und wenn wir in sternenklaren Nächten den Blick zum Himmel heben, dann können wir nur davon träumen, wie viel mehr Wunder die heiligen Naturgötter in diesen endlosen Weiten wirken. Was wir bis heute über unseren Ursprung herausgefunden haben, ist der epische naturreligiöse Anfang in den Weiten des afrikanischen Kontinents.

Meine Meinung ist eindeutig und sie deckt sich mit dem aktuellen wissenschaftlichen Forschungsstand: die Pagane Kultur mit all ihren Dimensionen war die erste Kultur der Menschheit. Sie ist somit die ursprüngliche Kultur jedes Menschen, als auch unser aller Wurzel. Der Slogan zurück zu den Wurzeln geistert durch viele Herzen, aber es ist nur das Pagane, dass diesem Anspruch gerecht wird. Pagane sind aller Menschen Wurzeln. Es gilt heute, wie es noch in zehntausend Jahren gelten wird: die meisten unserer Vorfahren waren Heiden!

Die Taten der Heiden der Erde werden für immer in den Ewigkeiten des Daseins nachhallen und wir sind die Erben dieser zehntausend Jahre alten Geschichte. Ich empfehle, sich einen stillen Ort zu suchen und sich hinzusetzen. Spürt eure Ahnen! Spürt ihre Kraft und ihre Liebe. Spürt die Härten ihrer Zeit und die Prüfungen, denen sie sich stellen mussten. Ihre Kämpfe waren sicher gefährlicher als die unseren. Aber dennoch stehen wir hier und das beweist, wie erfolgreich sie waren. Mit Mut, Klugheit und Glück haben sie gesiegt und ihre Kinder erzogen, die wiederum neue Kinder geboren haben, bis zu der Stelle an der du jetzt sitzt. Diese Geschichte ist dein Erbe.

Weder finden wir heute das Bewusstsein dieses Erbes unter vielen Menschen, noch hat die Mehrheit der Menschheit bisher das Wort "pagan" gehört oder sich mit ihren spirituellen Wurzeln verbunden. Das ist die nackte Realität, der wir uns stellen müssen. Wir sind entwurzelt worden, weil wir glaubten, Göttlichkeit könnte in einem Buch gefunden werden. Das kann sie nicht und falls ihr sie sucht, dann rate ich euch, in eurem Herzen nachzusehen. Sie wird auch nicht im Internet oder in der A.I. zu finden sein, obwohl ich die technischen Fortschritte faszinierend finde und weiß, dass sie das Spektrum der paganen Spiritualität noch vergrößern werden.

Der Schritt zu einem globalen paganen Bewusstsein scheint unendlich fern. Aber schauen wir uns die dunkelhäutigen Menschen an, die heute und vor allem in den USA ein vereintes Bewusstsein aufgebaut haben, dann müssen wir begreifen, dass es möglich sein muss. Vor hundert Jahren hatten sie es nicht. Aber sie haben gekämpft, um ihre Freiheit, ihr gleiches Recht und ihr Selbstwertgefühl zu erlangen. Sobald wir bereit sind, genauso mutig zu handeln, wird aus diesem Kampf das globale pagane Bewusstsein hervorgehen, wie aus einem Samen einst der Weltenbaum gewachsen ist.

Was ich euch sage, ist die Wahrheit. Ihr könnt rausgehen und die Forschungsstätten der freien Länder besuchen und es überprüfen. Ihr werdet zu keinem anderen Ergebnis kommen. Es ist die brutale, nackte Wahrheit: der weltweite Paganozid ist das Verbrechen, bei dem die meisten Menschen umgebracht worden sind. Es gibt keinen anderen Fall, bei dem eine soziale Gruppe eine andere verfolgt und sie im größeren Stil versucht hat auszurotten als im Paganozid. Dieses Verbrechen wird deshalb eine tragende Säule des globalen paganen Bewusstseins werden müssen.

Warum sollten sich die verschiedenen naturreligiösen Ströme vereinen? Was wäre der Mehrwert für alle? Wer das fragt, ist entweder ein paganer Konvertit und steht erst am Anfang oder er hat die heidnische Perspektive nicht verstanden. Mein europäischer Heimatkontinent war zum Beispiel einst vollkommen pagan. Dann kam eine asiatische Buchreligion und es folgten Jahrhunderte des Kampfes. Am Ende wurden alle Heiden ausgelöscht. Der Hass der Eroberer gegen das Pagane war so groß, dass nur mit ihm zu liebäugeln, einen auf den Scheiterhaufen bringen konnte. Solche Prozesse fanden überall statt, wo die Buchgläubigen ankamen. Etwa wurden an die neunzig Prozent der über hundert Millionen paganer Menschen ausgerottet, die in den Amerikas lebten, als Columbus dort ankam. Bis heute versuchen führende Buchpolitiker diesen Paganozid dort zu bagatellisieren und aus Ländern wie Brasilien erreichen mich immer wieder Berichte, dass dieser Prozess noch immer weitergeht und naturreligiöse Indigene weiterhin (auch staatlich) verfolgt werden .

Ein globales paganes Bewusstsein hat zuerst die Aufgabe, die Heiden vor systematischer Gewalt zu schützen. Es war schön vor ein paar Jahren, als wir alle in Europa glaubten, der Krieg würde nie auf unseren Kontinent zurückkehren. Zwar gab es immer mal wieder kleine Scharmützel in den instabilen Winkeln des Kontinents, aber niemand hätte einen Krieg im großen Maßstab für realistisch gehalten. Jetzt dröhnen die Mörser und fliegen die Bomber und Raketen. Der ganze Kontinent bereitet sich emsig auf die nächste Ausweitung des Konflikts vor. Woher wissen wir also, dass morgen nicht wieder eine Macht auf der Weltbühne erscheinen wird, die alle Heiden ausrotten oder sie zwangskonvertieren will?

Ich prophezeie: Kein naturreligiöser Mensch wird jemals sicher sein, solange wir uns nicht vereinen. Es gibt keine andere Möglichkeit. Jeder der euch etwas anderes erzählt, hat die Welt nicht verstanden. Aber falls die heidnischen Menschen der Erde jemals wieder so bedeutend werden wollen wie vor zweitausend Jahren, dann nur indem wir lernen uns als unteilbare Einheit zu begreifen.

Das Gefühl Teil einer Bewegung zu sein, erhebt das eigene Leben in ungeahnte Höhen. Es ist unsere Art, unserem Leben Bedeutung verleihen zu wollen. Sich der Bewegung des politischen Heidentums anzuschließen, erhebt jeden aus der Bedeutungslosigkeit. Sich endlich im Einklang mit der Linie zu befinden, die länger zurückreicht als irgendetwas sonst, verleiht innere Kraft. Es gibt nicht viele Phänomene auf dieser Welt, die eine vergleichbare Bedeutung haben.

Die zweite Säule ist unser aller Erbe. Während das Gefühl des Paganozids wohl etwas ist, das nur jene wirklich fühlen können, denen das Heidnische zur wahren Natur geworden ist, verbindet dieses Erbe alle Menschen. Am Anfang stand das Heidentum. Natürlich ist das Wort eine viel spätere Schöpfung, doch es beschreibt die Art unserer ältesten Vorfahren. Natürlich ist auch klar, dass es kein festes, unwandelbares Heidentum gibt oder gegeben hat. Selbst der Hinduismus, der eine Variante heidnischer Kultur ist, existiert in unzählbaren Spielarten. Historisch hat sich der Hinduismus in den letzten Jahrhunderten massiv gewandelt, obwohl er uns oft als feststehendes Gebäude erscheint. Die Heiden der ersten Tage der Menschheit lebten ihre Spiritualität anders aus als wir heutigen. Dennoch sind wir und zwar nur wir Heiden, eben weil das Heidentum die einzige Verbindung ist, die Kontinuitätslinie dieser ersten menschlichen Kulturen.

Die dritte Säule ist die Gegenwart. Denn wir alle kämpfen in dieser Welt um ein Stück vom Brot. Ich wünschte, es wäre nicht so und wir würden endlich eine Welt werden, in der alle versorgt und gefördert werden. Es entstand vor ein paar Jahrzehnten sogar der Eindruck, dass das endlich Realität werden würde und wir Menschen uns alle die Hände reichen können. Doch dieser Moment ist verpufft. Die Corona Pandemie enthüllte dann wie groß die Gräben schon wieder geworden waren. Seitdem beobachten wir, wie sich wieder große Blöcke bilden. Aktuell ist es ungewiss, wohin sich das alles entwickeln wird.

Wenn wir Naturreligiösen nicht unter die Räder kommen wollen, dann müssen wir eine gemeinsame Basis schaffen, von der aus wir agieren und uns so alle notwendigen Ressourcen und politischen Freiheiten sichern können. Es ist am Ende leider eine einfach Rechnung: Nur zusammen sind wir stark. Allerdings betone ich mit Nachdruck, dass ich nur anständige Mittel akzeptiere, wenn es um den Kampf um unser Stück vom Kuchen geht.

Wir haben ein gerechtes Stück vom Kuchen verdient. Aber ich sage euch, wir bekommen nicht, was uns zusteht. Selbst zu sagen, wir wären übervorteilt worden, wäre eine Untertreibung. Geht wirklich raus und fragt die Leute, ob die Polytheisten ihr verdientes Stück vom Kuchen bekommen. Die Leute werden euch mit großen Augen angucken, weil sie überhaupt nicht wissen, wen ihr mit diesen Polytheisten meint. Die Welt hat die Paganen vergessen. Außer in irgendwelchen Wikingerfilmen oder Dokumentationen über Ägypten hält es niemand mehr für möglich, dass ein Mensch nicht nur an mehrere Götter glaubt, sondern auch im Einklang mit ihnen lebt. Genau diese Unkenntnis beschreibt, wie groß das Stück vom Kuchen ist, welches wir als Pagane erhalten.

Den wenigen Paganen in den als westlich bezeichneten Ländern geht es häufig gut, aber der Mehrheit der Heiden der Erde geht es miserabel. Zugleich ist die Welt reicher als je zuvor. Die Statistiken zeigen, wie sich der Reichtum des Planeten allein in den letzten circa zwanzig Jahre verdreifacht hat. Diese Welt ist so unsagbar reich. Ich finde deshalb, die erste Kultur der Menschheit hat einen verdienten Anteil daran verdient.

Die vierte Säule ist der Glanz unserer Zukunft. Was Zeit genau ist, mögen die Höchsten verstehen. Wir Menschen sind nur Reisende von dem Tag unserer Geburt bis zu unserem Tod. Ob aber Zeit prädestiniert, linear, chaotisch oder offen ist, sind die Offenbarungen der höchsten spirituellen Reisen. Aber was in unseren Händen liegt, ist die Macht, uns eine goldene Zukunft zu erarbeiten. Wir tun das für uns, aber in erster Linie tun wir es für jene, die unser Erbe und unsere Geschichten weitertragen werden. Diese Linie trägt uns seit über hunderttausend Jahren. Jetzt ist es an uns, sicherzustellen, dass diese Linie weitergeführt wird.

Die paganen Kulturen sind bekannt für ihren Ahnenkult. Überall auf dem Planeten finden sich archäologische Artefakte, die das bezeugen. In der Einheit mit unseren Vorfahren sammeln wir innere Kräfte, um den Härten der Welt stolz ins Gesicht sehen und mit Mut entgegentreten zu können. Die meisten Außenstehenden missverstehen diesen Kult. Indem wir den spirituellen Bund mit unseren Ahnen eingehen, übertragen sie uns auch die Pflicht, für das Fortleben dieser Tradition zu kämpfen. Ihr müsst verstehen, der Ahnenkult weist nicht ausschließlich in die Vergangenheit. Er verpflichtet uns, alles zu geben für die Kinder, die da kommen werden.

Die Zukunft ist ein Ergebnis der Samen, die wir heute säen. Genauso ist unsere Gegenwart die Frucht aus den Samen, die in der Vergangenheit gesät wurden. Was wir heute im Namen der Paganen und als Pagane tun, entscheidet wie die Paganen morgen leben werden. Wenn wir faul sind, vor der Glotze sitzen und uns ständig bekiffen und besaufen, dann wird unsere Zukunft finster sein. Wenn wir bereit sind, mit den ersten Sonnenstrahlen aufzustehen und weit bis nach Sonnenuntergang zu streben, werden wir das Fundament für einen stabilen, unerschütterlichen Tempel gießen.

Wir leben am Beginn eines neuen Zeitalters. Schauen wir zurück in die Bücher der Geschichte, dann zeigt sich, dass die Taten am Beginn eines Zeitalters besonders großes Gewicht haben. Alles was wir heute tun, wird sich potenzieren. Dieses Zeitalter wird ein technisches Zeitalter sein. Spiritualität und Technologie sind keine Gegensätze. Die Buchmonotheisten behaupten das. Von ihrer Position aus gesehen, mag das Sinn ergeben. Denn die moderne Wissenschaft hat eindeutig bewiesen, dass alle ihre Glaubensvorstellungen fehlerhaft sind. Wir brauchen sie nicht zu fürchten. Zum Ersten haben wir keine in Büchern niedergeschriebenen Dogmen, die wir verteidigen müssen. Zum anderen offenbart der Blick in die Zeit, als quasi alle Menschen der Erde Heiden waren, wie sehr wir Erfindungen lieben. Am Anfang dieser technologischen Epoche zu stehen, ist eine Chance, die wir nutzen müssen.

Es widerspricht sich nicht nur nicht, sondern das Studium unserer naturreligiösen Religion und der neuesten technischen Innovationen geht Hand in Hand. Es ist nichts anderes als das Entdecken der Wunder der Erde. Wir müssen davon ausgehen, dass unseren Göttern und Göttinnen alle wissenschaftlichen Entdeckung, die wir derzeit machen und die wir noch machen werden, bereits bekannt sind. Das anzunehmen, ist einfach nur logisch. Desto schneller unser Fortschritt ist, desto zufriedener werden sie mit uns sein, solange wir uns dabei tugendhaft verhalten. Kein Heide sollte sich dem wissenschaftlichen Fortschritt verschließen, schon allein deshalb nicht, weil das die Art der Kreuze ist. Wir Heiden sollen die Wunder der neuen Techniken erforschen, wie die alten Schamanen die Kräuter erforschten, um ihre magischen und heilenden Eigenschaften herauszufinden.

Es gibt keine größere Sicherheit als die Freiheit. In der Politik bedeutet Freiheit, dass Recht den oder die Herrscher jederzeit mit rechtsstaatlichen Mitteln absetzen zu können. Jede Form von Herrschaft, die dauerhaft oder extrem lange ist, ist gefährlich. Wir Heiden sollten das am besten wissen. Weil das aus Südwest-Asien stammende Christentum es schaffte, in einem jahrhundertelangen Kampf stabile Königshäuser zu etablieren, konnte es diese Macht später nutzen, um die Heiden in den restlichen Erdteilen zu jagen und zu unterdrücken. Deshalb ist der wichtigste Grundstein, den wir für unsere glorreiche Zukunft setzen können, der Kampf für unsere politische Freiheit.

Was wäre die Zukunft wert, wenn wir nicht wüssten, dass unsere Kinder in Frieden leben werden? Es ist dabei sekundär, ob man wie ich Kinder hat oder mit diesen Kindern die Kinder der Menschheit meint. Es wird Menschen im Morgenland geben. Die politischen Kämpfe, die wir heute ausfechten, entscheiden über die Welt, in der sie leben werden. Nach dem zweiten Weltkrieg waren die Menschen fleißig und es endete Jahrzehnte später in einer historischen Phase, in der es immer besser zu werden schien und jedes Problem schrittweise lösbar schien. Die Katastrophen, die seit der Corona Pandemie über uns hereingebrochen sind und der Klimawandel zeigen, dass irgendwann in dieser glücklichen Zeit die Menschen faul geworden sind. Deshalb sind die Krisen uns wieder über den Kopf gewachsen.

Das Phänomen des Klimawandels zeigt das besonders deutlich. Obwohl in den letzten zehn Jahren immer mehr Menschen sich mit diesem Thema auseinandersetzen und versuchen, verantwortlicher zu leben, geschieht das viel zu spät. Die nackte Wahrheit ist, dass wir schon seit über dreißig Jahren wissen, welche desaströsen Auswirkungen er haben wird. Doch die Leute ließen sich lieber von der Unterhaltungsindustrie berieseln, statt ihre Pflicht und Verantwortung für die Erde zu übernehmen, auf der sie leben.

Verantwortung zu übernehmen, ist der Pfad, den wir wählen müssen, falls wir den goldenen Sonnenaufgang erleben wollen. Es gibt immer Hoffnung und es gibt immer die richtige Wahl. Zu wählen und zwar in jedem Augenblick ist das, was unsere menschlichen Leben ausmacht. Jede:r von uns muss sich entscheiden, auf welchem Pfad er/sie wandeln will. Ich habe meine Entscheidung getroffen. Wofür entscheidest du dich?

Die fünfte Säule sind unsere Tugenden. Sie sind die einzige Macht, die uns durch die Dunkelheit führen kann. Und Dunkelheit wird kommen. Ich habe die Geschichte unserer Spezies studiert. Sie ist schlimmer und gewalttätiger als jeder Film aus Hollywood. Menschen haben sich so schreckliche Dinge angetan, dass jede:r von uns sofort wahnsinnig werden würde, müsste er diese Erinnerungen in sich tragen. Die Enthüllungen über die aktuellen Kriegsschauplätze zeigen, dass es noch immer geschieht. Das einzige Schild, welches uns vor diesem verzehrenden Feuer schützen kann, sind unsere Tugenden.

Ein Heide muss seine Tugenden schmieden wie ein Schmied das Schwert. Nur wenn die einzelnen Glühvorgänge richtig ausgeführt werden, erreicht das Schwert die richtige Balance zwischen Härte und Zähigkeit. Es ist völlig egal, welches Geschlecht wir haben oder welche Hautfarbe, sozialen Stand oder Alter; dass was uns wirklich auszeichnet, ist die Qualität unserer Tugenden. Verantwortung ist nur eine der wichtigsten Tugenden. Dazu kommen Selbstdisziplin, Mut, Ehrlichkeit, Mitgefühl, Respekt und Gerechtigkeit. Sie sind es, die uns die Macht verleihen, uns zwischen unsere Liebsten und den Feind zu stellen, der sie bedroht und ihn zu besiegen.

Etwas was viele unterschätzen und auch führende Politiker oft falsch machen, ist, in guten Zeiten sich nicht mehr auf die schlechten vorzubereiten. Wir können uns nicht der Geschichte bewusst sein und dann glauben, dass es keinen regelmäßigen Wechsel zwischen einfachen und schweren Zeiten gibt. Uns Europäern wurde das schmerzhaft bewusst, als wir einsehen mussten, dass die Machthaber in den anderen Erdteilen nicht das Zeitalter der Kriege für beendet halten und stattdessen Konflikte suchen, um sich profilieren zu können. Ich habe das auch nicht geglaubt. Aber was sollten Nationalisten anderes tun, als ihr Staatsgebiet kriegerisch vergrößern zu wollen? Was sollten Kommunisten anderes tun, als den brutalen

Terror der Revolution in jeden Winkel der Welt tragen zu wollen?

Tugenden sind kein Produkt der Außenwelt. Sie sind die Merkmale unseres inneren Wesens und sie sind ein spiritueller Akt. Die Kraft einer Tugend maximiert sich, wenn sie religiös aufgeladen wird. Das geschieht bei allen Tugenden, egal ob beim Mitgefühl oder dem Mut. Wenn wir die Eigenschaften zu einem Ausdruck unserer spirituellen Praxis machen, wachsen sie schneller. Am häufigsten gelingt das, indem wir sie mit einer Gottheit verbinden. Auf der einen Seite können wir unsere Tugenden als Opfer der Gottheit darbringen. Wir versprechen der Gottheit, dass wir ihretwegen besonders mutig oder mitfühlend sind und tun es dann als Zeichen unser Anbetung. Auf der anderen Seite können wir uns der Praxis mit einer Gottheit widmen, die für diese Tugend steht. Etwa steht die Göttin Frigg für den Wert der Familie und weil wir ihrem Vorbild folgen, tun wir alles, um unsere Familie zu stärken. Oder wir wählen den Gott Mars, dem zu ehren, wir besonders mutig werden und uns jeder Herausforderung stellen.

Diese fünf Säulen können unser globales paganes Bewusstsein tragen. Aber der wahre Ort wird unser Herz sein. Das Gefühl pagan zu sein, ist der Samen aus dem das pagane Bewusstsein geboren wird. Ohne das Gefühl wird früher oder später auch das Bewusstsein sterben. Das Gefühl pagan zu sein, kann viele Ursprünge haben. Heutzutage gelangen viele zu diesem Gefühl, indem sie

Filme sehen, Games spielen oder Comics sammeln, die einen Bezug zur paganen Welt haben. Andere wiederum hören eine Art Weckruf, von dem sie den Eindruck haben, dass er aus einer höheren Welt kommt. Das kann durch eine ganz bestimmte Aneinanderreihung von Zufällen geschehen. Bei anderen sind es besonders intensive Träume.

Die Natur ist voller Wunder. Die Majestät der Berge fesselt unser Herz. Das lodernde Feuer zieht uns magisch an und wir müssen hinstarren, nur um im nächsten Moment zu bemerken, dass sich etwas tief in unserem Inneren bewegt. Es sind diese Eindrücke aus der Natur, die viele Menschen spirituell werden lassen. Das sind sicher auch die zentralen Auslöser, welche am Anfang der Menschheitsgeschichte die Menschen hat (natur)religiös werden lassen. Bei mir wurde dieses pagane Gefühl durch meinen Großvater ausgelöst.

Schon im Kindergartenalter fiel mir auf, wie häufig Wörter wie heidnisch und Heide dort fielen. Sie besaßen immer einen positiven Unterton, so als ob sie das Gute wären. Das hat in mir etwas ausgelöst und ich begann mich als Heide zu fühlen. Im Grundschulalter war es dann bereits so verfestigt, dass ich meinen Klassenkameraden erzählte, ich wäre Heide. Aus dem Gefühl wurde eine feste Identität und ein Bewusstsein, dass so groß wurde, dass mich in der achten Klasse in der Mittelstufe zwei Lehrerinnen ins Kreuzverhör nahmen. Ich glaube, ich war damals vierzehn und ziemlich eingeschüchtert, als mich die beiden in einen leeren Raum führten. Mehrere Tische waren zu einer Tafel aufgestellt, an deren Spitze ich Platz nehmen sollte. Dann löcherten sie mich mit Fragen. Ihnen war aufgefallen, wie extrem religiös ich war und sie versuchten rauszukriegen, ob ich Mitglied in einer Sekte wäre, in der mir diese Sachen indoktriniert worden waren. An diesem Tag endete meine Identitätssuche als Pagane nicht. Mit Achtzehn etwa nahm sie solche Ausmaße an, dass ich täglich mindestens fünf Stunden pagane Praxis, Rituale und Studien durchführte.

Neben den bisher genannten Quellen für das pagane Bewusstsein gibt es natürlich noch das kulturelle Erbe. Bei allen naturreligiösen Kulturen der Erde ist zu beobachten, wie der Glaube an die nächste Generation vererbt wird. Es ist dann dieser Glaube, der die Selbstwahrnehmung und das Bewusstsein naturreligiös zu sein hervorbringt.

Im Grunde sind wir alle Kinder naturreligiöser Kulturen. Ich persönlich glaube, es ist das einzige kulturelle Bindeglied, das ausnahmslos alle Menschen vereint. Zugleich und auch dies deckt sich mit meiner Meinung und dem aktuellen Forschungsstand, sind irgendwann in der Geschichte nicht-pagane Zwangssysteme aufgetaucht und haben den Menschen ihr paganes Erbe geraubt. Der Tanz ums goldene Kalb symbolisiert dies am besten. Er ist natürlich ein Symbol für die animistische Urreligion des Judentums. Diese bekämpfte, unterdrückte und zerstörte Moses auf Basis des Textes der zehn Gebote, jenem Ereignis, aus dem der Buchmonotheismus hervorging.

Wir sind alle Erben einer paganen Vergangenheit. Unsere Vorfahren, die für hunderttausend Jahre als Nomaden umherzogen, waren Kinder der Natur. Diese Verbindung war keine materialistische, keine säkulare, keine Buch-religiöse und keine agnostische. Es war eindeutig eine religiös-spirituelle und zwar genau jener Art, die mit dem Wort "pagan" gemeint ist. Das ist meine Meinung. Das ist das Fazit auf Grundlage der wissenschaftlichen Forschung. Es ist auch die einzig logische Schlussfolgerung für all jene, die verstanden haben, was die natürliche Art unserer Spezies ist: Wir sind von Natur aus naturreligiös.

Wir Naturreligiösen brauchen etwas, das uns vereint. Genauso bräuchte die ganze Menschheit etwas, das sie vereint und als Grundlage für ein gemeinsames Handeln dient. Etwas das uns bisher fehlt. Der Autor dieses Buches ist von der Kooperation mehr überzeugt als von der Konkurrenz; wobei eine gesunde Konkurrenz innerhalb einer Kooperation zweifelsfrei extrem förderlich ist. In beiden Fällen könnte diese Verbindung das pagane Bewusstsein sein.

Während es aussichtslos erscheint, dass alle Menschen ein paganes Bewusstsein entwickeln; obwohl es stimmt, dass die meisten ihrer Vorfahren natürlich pagan waren, aber es können alle Paganen ein paganes Bewusstsein entwickeln. Das klingt jetzt wie Augenwischerei, aber pagan zu sein und dafür ein explizites Bewusstsein dieser spezifischen Lebensart zu haben, ist kein Automatismus. Es ist also nicht so, dass ein Mensch naturreligiös lebt, heidnische Rituale ausführt und die Bräuche zelebriert und dann auf die selbstreflexive Ebene wechselt und sich automatisch als spezifisch pagan bewusst wahrnimmt.

Genau das muss unser Ziel sein: Wir wollen erreichen, dass alle Naturreligiösen sich ihrer Naturreligiösität bewusst werden und als Folge dieser Einsicht ein festes paganes Bewusstsein und Selbstbild entwickeln. Das ist die Grundlage, auf der wir unser eigentliches Ziel manifestieren. Denn nachdem wir ein persönliches, paganes Bewusstsein entwickelt haben, müssen wir den Blick über unseren eigenen Tellerrand wagen. Denn wir sind nicht allein als naturreligiöser Mensch auf dieser heiligen Erde. Die Erde ist voll von Menschen, die in dem gigantischen Spektrum des Paganen aus Vielgötterei, Animismus, Magie, Naturverbundenheit, Ritualen und Spiritualität zuhause sind. Wir werden in jedem bewohnten Teil der Erde Naturreligiöse finden, wenn wir nur lange genug suchen.

Abgesehen von den zahlreichen positiven Effekten, die das globale pagane Bewusstsein für jede:n einzelne:n mit sich bringt, ist ihr Zweck auch, etwas sehr negatives zu verhindern. Naturreligiöse wurden Jahrhundertelang verfolgt. Es gibt keine sozio-kulturelle Gruppe, die in diesen Ausmaßen Verfolgung erfahren hat. Ich hoffe immer noch, dass die Zeiten da BuchmonotheistInnen die Naturreligiösen verfolgen vorbei sind und wir friedlich miteinander leben können. Aber die nackte Wahrheit ist, dass wir uns nicht auf das Gutdünken unserer einstigen

Verfolger verlassen können. Erschwerend kommt hinzu, dass in vielen Regionen Afrikas, aber auch Lateinamerikas und Asiens diese Verfolgung immer noch, wenn auch nicht mehr so systematisch, geschieht. Auch staatliche Akteure beteiligen sich bis heute an diesen Diskriminierungen. Wir können diese Gefahr nur eliminieren, indem wir uns unserer Verbundenheit bewusst werden, um daraus eine Kraft zu formen, die den Unterdrückern jederzeit Einhalt gebieten kann.

Ein entscheidender Vorteil des globalen paganen Bewusstseins, ist die Energie, die wir aus diesem Bewusstsein gewinnen. Es ist eine sprudelnde Kraftquelle. Spirituelle Kraftquellen und auch Kraftorte haben in vielen heidnischen Kulten eine große Relevanz. Besonders bei Kriegern wurden sie sehr geschätzt, aber sie können uns auch heute Kraft schenken. Dazu müssen wir es natürlich zuerst in uns auf höchster Ebene verankern. Das ist die Grundvoraussetzung, damit es funktionieren kann.

Jeder von euch wird es sich schon gedacht haben und es stimmt: Der allergrößte Vorteil ist das Gefühl der Verbundenheit. Es steht natürlich die Verbundenheit zur Gottheit oder spirituellen Wesenheit an erster Stelle, doch hier soll es um das verbindende Gefühl zwischen den paganen Menschen gehen. Wir alle sehnen uns danach, dabei sein zu können. Wir wollen dazugehören. Das Bedürfnis ist oft so groß, dass die Menschen bereit sind, Unsummen dafür auszugeben. Dieses Bedürfnis wird durch die Entwicklung eines paganen Bewusstseins voll und ganz befriedigt. Das macht es viel leichter, den Gefühlen der Einsamkeit, Entfremdung, Wertlosigkeit und den ständigen Selbstzweifeln zu entkommen.

Wir begreifen, dass dort draußen in diesen unendlichen Weiten, Menschen sind, die die Welt genauso sehen wie wir, genauso fühlen wie wir und genauso träumen wie wir. Diese Erkenntnis kann lebensverändernde Folgen haben. Plötzlich spürt man seine heidnischen Brüder und Schwestern. Selbst wenn man sie nicht kennt, weiß man plötzlich, dass sie da sind. Wir sind nicht allein. Es ist diese Erkenntnis, die uns beflügelt.

Das globale pagane Bewusstsein ist identitätsstiftend. Wir alle brauchen in uns etwas, an dem wir uns in schlechten Zeiten festhalten können, selbst wenn es nur ein Strohhalm ist. Wir wollen wissen, wer wir sind und wir wollen uns irgendwo zugehörig fühlen. Unsere innere Identität ist ein lebenslanger, hoch komplexer Prozess, der quasi nie abgeschlossen ist und sich immerzu, meist in Schüben weiterentwickelt. Ab einem bestimmten Alter entscheiden wir bewusst, wer wir sein wollen. Für die Mehrzahl der Erdbewohner ist die Option eine Pagane zu werden, nahezu unbekannt. Sie wissen nicht, was pagan ist, wo es herkommt oder warum sie es zu ihrer inneren Identität machen sollten.

Die Vorteile eines globalen paganen Bewusstseins sind gigantisch. Es würde sich ein Netz vereinigter Heiden auf der Erde bilden, welches mächtig genug wäre, uns vor Ausbeutung und Gewalt zu schützen. Dafür müssen wir es fördern. Dort wo es noch nicht entwickelt ist, müssen wir Angebote zur Verfügung stellen, damit es entstehen kann. Dort wo es bereits lebendig ist, müssen wir es nähren, damit es wachsen und blühen kann.

Ein alter Bund

Ich glaube, das einzige was uns vor weiteren sozialen Gruppen schützen kann, die uns ausbeuten, terrorisieren und vernichten wollen, ist eine pagane Partei. Trotz intensiver Suche habe ich bisher keine gefunden. Das ist traurig und zeigt, wie schlecht es um uns steht. Ich glaube an die Demokratie. Sie ist das einzig anständige politische System, das wir bisher zustande gekriegt haben. Zwar ist sie nicht unfehlbar. Zugleich bietet sie den großen Vorteil, dass jeder Herrscher, Präsident oder Kanzlerin abgewählt werden kann. Und das ist wichtiger als man denkt!

Eine Partei ist das beste Mittel, um politische Prozesse mitgestalten zu können. Natürlich ist es auch möglich, sich zu einem Verein zusammenzuschließen. Damit lässt sich ebenfalls viel bewegen. Sogar allein ist es möglich, etwas zu bewirken. Dennoch verblasst deren Wirkungsgrad angesichts der Einflussmöglichkeiten einer Partei. Egal ob es nun ein Verein oder eine Partei wird, was wichtig ist, sind die Umgangsformen. Sie bestimmen, wie lange eine Partei existieren und ob sie wachsen wird.

Aktuell gibt es in meiner Heimat keine pagane Partei. In allen Nachbarländern auch nicht. Selbst in den USA, das trotz ihrer Probleme in den letzten Jahren immer noch die einflussreichste und reichste Nation ist, habe ich keine pagane Partei gefunden. Das ist nichts anderes als ein Beweis dafür, wie sehr wir am Rand der wahren Machtzentren stehen. Ich halte die Gründung einer paganen Partei für den einzig logischen Schluss, zu dem jeder Heide kommen muss, der oder die sich für das Wohl aller Heiden interessiert.

Die pagane Partei hat die Aufgabe die Interessen der Heiden zu vertreten. In dieser chaotischen Welt ist das mehr als nötig. Diese Interessen können auch nur wenig von Nicht–Paganen verstanden werden. Selbst wenn diese es gut meinen und das Beste für uns wollen, so ist ihr Blickwinkel nicht spezifisch pagan, sondern nur auf die Wählerstimmen konzentriert. Diese Interessen würde eine demokratische, pagane Partei erfüllen oder zumindest mit allen legalen Mitteln erreichen wollen.

Politik ist das Geschäft des Um-sich-kümmerns auf großer Makroebene. Ein paar Leute unter Führung eines Mannes (oder Frau) entscheiden über die Geschicke einer ganzen Nation. Sie arbeiten hart und lange und haben für alles einen Experten aus der jeweiligen Branche an der Hand. So treffen sie mit hoffentlich bestem Wissen und Gewissen ihre Entscheidungen. Das geschieht nicht nur in den Demokratien, sondern es findet sich ebenso in Autokratien und im Kommunismus. Ob es jemals anders sein wird, vermag ich nicht zu sagen, aber es ist die Basis irdischer Gesellschaften.

Die heutige Welt ist komplex geworden, sodass sich die einzelnen Mitglieder einer Partei in bestimmten Bereichen spezialisieren müssen. Auch wir Heiden sollten uns die Mühe machen und uns enormes Fachwissen aneignen. Wir sollten beginnen, an politischen Ereignissen aktiv teilzunehmen. Das können Demos, Vorträge, Umfragen oder Chats sein. Definitiv müssen wir als Pagane sichtbar werden und sichtbar pagane Politik betreiben. Das ist der einzige Weg, um aus dem Schattendasein herauszutreten, in dem sich die naturreligiösen Kulturen der Erde seit Jahrhunderten befinden.

Ich stelle den Gegensatz noch einmal ganz bewusst gegenüber: Es gab eine Zeit, da war das Heidentum, die quasi einzige Kultur aller Menschen, somit auch die Dominanteste. Diese Rolle besaß das Pagane für viele Jahrtausende. Heute ist das Heidentum nur noch eine Randerscheinung. In diese Position wurde es mit unfairen Mitteln in einem dunklen Zeitalter gebracht. Dabei haben die Heiden viele Federn und noch mehr Blut lassen müssen. Dieses Zeitalter ist vorbei. Eine neue Zeit ist angebrochen. Die Frage, die wir Heiden uns stellen müssen, ist, ob wir weiterhin am Rand der Gesellschaft im Schatten vegetieren wollen oder ob wir bereit sind, die harte Arbeit zu leisten, um wieder zu einem globalen Faktor zu werden?

Hier sind wir natürlich bei der nächsten Kategorie innerer Feinde. Denn es wird Naturreligiöse geben, die sich gegen eine Pagane Partei oder pagane, politische Vereinigungen stellen werden. Ihre Gründe werden zahlreiche Argumente umfassen. Es wird damit beginnen, dass sie keine Lust haben, sich zu beteiligen, was nicht anderes bedeutet, als dass sie zu faul sind, sich zu engagieren. Dann wird es die geben, die finden werden, dass eine Religion keine eigene Partei haben sollte. Angesicht dessen dass die mächtigsten politischen Kräfte der Erde buchmonotheistische Parteien und Verbände sind und diese uns viele Jahrhunderte lang bekämpft haben, ist dieses Argument entweder autoaggressiv, naiv oder zielt bewusst darauf ab, die Naturreligiösen zu schädigen.

All jene, die sagen, dass sie gegen eine Pagane Partei sind oder keinen Sinn darin sehen, die handeln entweder vorsätzlich unmoralisch oder sie verstehen die Prozesse nicht, die unsere Welt konstituieren oder sie haben kein ausreichendes historisches Bewusstsein. Fakt ist, eine Pagane Partei wäre als einziges in der Lage, zukünftig vorsätzliche, systematische Verbrechen, die spezifisch gegen pagane Menschen gerichtet sind, zu verhindern. Wir brauchen eine Pagane Partei, die sich global vernetzt oder viele Pagane Parteien in den einzelnen Ländern.

Jeder intelligente Heide sollte mittlerweile begriffen haben, dass es eine aggressive, globale Verfolgung heidnischer Kulturen vom solch einem Ausmaß gegeben hat, dass sie beispiellos in der Geschichte der Erde ist. Nach vielen Recherchen muss ich euch auch offenbaren, dass diese Hetzjagd auf Pagane und die systematische Unterdrückung und Verfolgung in mehreren Staaten der Erde noch immer fortgesetzt wird. Teilweise sind das Regionen, in denen die gezielte Verfolgung von Heiden eine jahrhundertelange und ununterbrochene Tradition ist. Wie glaubt jemand, wir könnten diese Verfolgung ein für allemal stoppen ohne eine eigene Partei und die knochenharte Arbeit ihrer Mitglieder?

Allerdings ist der politische Schutz nicht die einzige Aufgabe der Paganen Partei. Wir springen zurück zum Anfang des Textes. Dort hieß es, dass die Hauptaufgabe der Politik darin besteht, die Tische der Bevölkerung und die Auftragsbücher der Unternehmen zu füllen. Das bleibt die Hauptaufgabe und die sicherheitsrelevanten Aspekte sind die Grundvoraussetzung, um dieses Ziel erreichen zu können. Denn wenn wir nicht verfolgt werden, können wir logischerweise effizienter wirtschaften.

Wirtschaftspolitik ist Sozialpolitik. Ein Staat mit einer stabilen und stetig wachsenden Ökonomie ist tendenziell immer friedlicher. Menschen, die genügend Geld besitzen, um ihre Bedürfnisse zu befriedigen, sind zufriedener und weniger an umstürzlerischen Aktionen interessiert. Aus diesem Grund ist die Wirtschaftspolitik auch die beste Investition, um den (sozialen) Frieden zu sichern. Eine gute Wirtschaftspolitik ist das Ergebnis aus einer Vielzahl praktischer Erfahrungen und einem ausgezeichneten theoretischen Verständnis der ökonomischen Dimension.

Diese Kompetenz lässt sich weder über Nacht, noch am Schreibtisch oder in der Bibliothek erwerben. Es ist wohl auch die Stelle, an der sich die Spreu vom Weizen trennt. Etwa haben wir auf der einen Seite einen charismatischen Redner, der die Leute mitreißen kann und sich gut auf der Bühne verkauft. Er hat nur leider keinerlei Ahnung von Wirtschaft. Auf der anderen Seite ist jemand, der bereit ist die Nachtschichten einzulegen, um die unterschiedlichen Wirtschaftstheorien, zahllose Fallbeispiele und Bilanzen zu studieren. Außerdem hat er selbst schon mindestens ein Unternehmen (erfolgreich) gestartet und viele Angestellte beschäftigt. Allerdings ist er nicht sehr charismatisch, sondern kühl und trocken.

Allen muss klar sein, dass der Zweite sich als Politiker für die Wirtschaft besser eignet. Mehr noch: jede:r der ein fortgeschrittener Pagane wird, muss zu einer Person werden, die dem zweiten Fall entspricht. Nur dann besitzt sie die Kompetenzen und Eigenschaften, um die Heiden versorgen zu können. Das setzt sehr viel harte Arbeit voraus. Aber harte Arbeit ist im Endeffekt immer der einzige Weg, der zum Ziel führt.

Eine Partei ist eine Waffe. Das soll nicht martialisch klingen. Ich beschreibe einfach nur die Realität. Andere Kulturen benutzen ihre Partei, um sich das zu erstreiten, was sie haben wollen. So wie die Pagane Partei als Waffe agieren können muss, um sich die lebensnotwendigen

Ressourcen für die Heiden sichern zu können. So muss sie zugleich ein Schild sein. Während das Schwert eine Angriffswaffe ist, so ist das Schild eine Waffe der Verteidigung. Die Pagane Partei muss ein Schutzschild für alle bedrohten Heiden werden. Es ist nicht nur der Schutz vor buchmonotheistischer Gewalt, sondern heute ist es häufiger der Schutz vor ökonomischer Ausbeutung. Es ist leicht von einem unmoralischen Großunternehmen übervorteilt zu werden. Wenn man sich einmal in deren Schlinge befindet, ist es schwer, da alleine wieder rauszukommen.

Im Zentrum der Paganen Partei muss das Lernen stehen. Egal ob es um die Ausbildung der Jugend und der Kader geht oder die akademische Fortbildung in Spezialgebieten; Bildung wird der zentrale Faktor, und damit mehr als A.I., Ökonomie oder technischer Fortschritt, für den zukünftigen Erfolg sein. Die Welt ändert und entwickelt sich heute so schnell weiter, dass die Halbwertszeiten eines Studiums immer kürzer werden. Ohne den persönlichen Einsatz und die Bereitschaft, aktiv mehrere extra Stunden Arbeit aufzubringen, um am Zahn der aktuellen Entwicklung zu bleiben, ist es nicht möglich. Denn in diesem Zeitalter ist Wissen das äquivalent für Gold und es ist längst zum mächtigsten Faktor auf der politischen Weltbühne geworden.

Kommunalpolitik funktioniert anders als das EU-Parlament oder die UNO. Dennoch ist alles miteinander verbunden. Grundsätzlich kann sich jeder Fehler einer

Führungskraft negativ auf die übrigen Glieder auswirken. Das Gegenmittel dagegen ist die Verantwortung. Was ist eine Politikerin anderes, als eine Frau die Verantwortung übernimmt? Denn die Rolle der Parteispitze oder einer gewählten Politikerin bedeutet, sich voll in den Dienst der anderen zu stellen. Der Zweck der Paganen Partei ist nichts anderes, als Verantwortung zu übernehmen.

Opposition und Koalition

Desto komplexer unsere Gesellschaften werden, desto schwerer fällt es den einzelnen Parteien, Mehrheiten zu bilden. Denn jede Partei repräsentiert eine bestimmte soziale Gruppe. Natürlich hat sie daneben noch andere Wähler und Wählerinnen, aber der entscheidende Faktor ist ihre Kernwählerschaft. Doch sich eine ausreichende Kernwählerschaft zu sichern, ist kaum noch möglich. Aus vielerlei Gründen wird das Wahlvolk immer vielfältiger, was dazu führt, dass sich ihre Bedürfnisse und auch die Forderungen stark unterscheiden.

In dem Moment wo es schwerer wird, viele Stimme zu sammeln, stellt sich die Frage, welche Koalition sich anbietet, um die eigene Position zu stärken. Es klingt natürlich viel leichter, als gesagt. Denn bei jeder Koalitionsverhandlung muss man eigene Punkte aufgeben. Darum muss man alles abwägen. Ist man bereit, einzelne

Forderungen aufzugeben oder ist es besser in die Opposition zu gehen?

In der Opposition hat man die Aufgabe, die Regierung zu überwachen, sie zu kritisieren und zu erklären, wie es besser geht. Zugleich kann man sich wunderbar profilieren. In der Opposition ist es natürlich viel leichter und dennoch streben wir alle danach, in die Regierung zu kommen.

Welche Koalitionen sind akzeptabel für die Pagane Partei? Diese Frage ist wichtig und kann dennoch im Vorfeld nicht eindeutig festgelegt werden. Die Pagane Partei hat zwei Arten von Zielen. Das sind zum einen langfristige und zum anderen logischerweise kurzfristige Ziele. Die Frage wird so bereits leichter zu beantworten. Eine Koalition wird dann erstrebenswert, wenn die andere Fraktion uns bei unseren langfristigen Zielen hilft. Nun ist die Pagane Partei nicht irgendeine Partei. Sie hat ein bestimmtes Ziel und vertritt die Paganen. Historisch ergeben sich deshalb bestimmte Probleme. Kann die Pagane Partei mit einer christlichen Partei eine Koalition wagen, nachdem Christen vorsätzlich viele Millionen Naturreligiöse ermordet haben?

Das Gute an unserer Zeit ist, dass wir moralische Standards haben, die wirklich etwas taugen. Ich beziehe mich hier auf die Erklärung der Menschenrechte, die sehr wahrscheinlich der wichtigste Meilenstein in der moralischen Entwicklung unserer Spezies sind. Im Grunde ist sie ein Maßstab, an dem wir unser gegenüber messen können. Jemand der sie in wirklich hohem Maße einhält und sich ständig darauf bezogen reflektiert, ist immer geeignet, um mit ihm zu koalieren. Aus diesem Grund ist es möglich mit einer christlichen Partei zu koalieren. Im gleichen Atemzug ist es nicht akzeptabel, sich mit einer anderen paganen Vereinigung zu verbünden, wenn sie die Standards der Erklärung der Menschenrechte nicht einhält.

Grundsätzlich unterscheidet sich das Auftreten einer Partei je nachdem, ob sie sich in einer Regierungskoalition oder in der Opposition befindet. Die Gefahr ist, ein doppelzüngiger Schaumschläger zu werden. Aktuell erleben wir das in vielen Wahlen. Da ist eine Partei in der Opposition und verspricht alles besser zu machen. Kaum dass sie dann gewählt ist, zeigt sich, dass sie überhaupt keinen Plan hatten, es besser zu machen und fährt fort dieselben Fehler zu machen wie ihre Vorgänger. Deshalb sollten sich die Paganen auch nur dann in der Opposition weit aus dem Fenster lehnen, wenn sie einen Plan haben, der wirklich besser ist.

Das Vorhandensein einer freien und nicht gefährdeten Opposition ist eines der wesentlichsten Merkmale für eine echte Demokratie. Überall dort wo die Opposition eingeschüchtert wird oder wo die Regierung enorme Summen aus den Staatsreserven in parteieigene Propagandazentren umleitet, um die Opposition zu diskreditieren, können wir sicher sein, dass es sich um keine Demokratie handelt. Für uns Heiden trifft das auf alle Länder und Staaten zu, die vom monotheistischen Fundamentalismus unterdrückt werden. In diesen Ländern dürfen wir schon froh sein, wenn die Menschen offen darüber reden dürfen, was pagan sein bedeutet und welche Standpunkte die pagane Politik vertritt.

Wenn wir also die Möglichkeit haben, als echte Oppositionspartei wahrgenommen zu werden, dann müssen wir diese Chance nutzen. Denn wir tun es nicht nur für uns. Sondern wir sind die Speerspitze für all jene Länder, in denen sich Heiden bis heute vor ihren Verfolgern verstecken müssen; damit auch in ihnen eines Tages wieder freie Heiden frei für ihre Rechte eintreten können. Wir dürfen das nicht vergessen, wenn wir das Glück haben, in Ländern zu leben, in denen heidnische Politik legal ist. Nicht all unsere Brüder und Schwestern haben dieses Glück. Wir müssen im Hinterkopf behalten, dass all unser politisches Streben darauf abzielt, eines Tages allen Heiden das Recht zu geben, sich bewusst als Heiden wählen zu lassen und wählen zu gehen, ohne Repressionen fürchten zu müssen.

Niemand sollte den Regierungsauftrag übernehmen, der sich nicht hundertprozentig sicher ist, kompetent genug zu sein oder nicht hart genug für diese Aufgabe arbeiten zu wollen. Würden sich alle an diesen Vorsatz halten, hätten wir deutlich weniger Probleme auf der Welt. Die Verantwortung für ein ganzes Volk zu übernehmen, ist eine Mammut-Aufgabe. Nichtsdestotrotz bezeugt die Geschichte große Staatsmänner und Frauen, die diese

Aufgabe hervorragend gemeistert haben. Wir müssen von den guten Beispielen lernen. Denn wenn sie es geschafft haben, dann können wir auch lernen, wie es richtig geht.

Neben der Ebene für Parteien und Vereine ist natürlich die persönliche Ebene mindestens genauso wichtig. Jede:r Pagane muss sich die Frage stellen, mit wem er sich verbündet und zu wem er in Opposition geht. Zwei Perspektiven kristallisieren sich hierbei heraus. Zuerst sind die persönlichen Ziele von Bedeutung. Die können sehr stark zwischen den Individuen variieren und verändern sich auch im Laufe der Zeit und je nach politischen Umständen. Dann gibt es noch die Ziele der paganen Bewegung. Natürlich richte ich meinen Appell hier zuerst an die paganen Menschen. Die pagane Bewegung hat übergeordnete Ziele, die logischerweise nicht immer mit den individuellen Zielen der einzelnen paganen Mitgliedern übereinstimmen müssen. Hier muss jede:r einzelne mit seinem Gewissen vereinbaren, wie er beides unter einen Hut kriegen will.

Die übergeordneten Ziele der paganen Bewegung sind die letztendlichen Kriterien bei der Entscheidung, ob man in die Opposition oder die Koalition geht. Übrigens ist natürlich auch in der Rolle als Opposition gegenüber der aktuellen Regierung eine Koalition mit anderen Oppositionsparteien möglich, um die Kraft der Kritik zu stärken. Zu diesen übergeordneten Zielen zählt historisch bedingt ein extrem hohes Schutzbedürfnis. Bei hinduistischen Populisten habe ich gelesen, dass die Zahl der getöteten indischen Paganen seit dem Beginn der islamischen Invasion auf achtzig Millionen geschätzt wird. Ich weiß nicht, wie sich diese Zahl ergibt, auch weil die Aufarbeitung historischer Ereignisse im südostaslatischen Raum nicht die Qualität aufweist wie bei uns. Dennoch zeigt die Zahl, wie nötig die Heiden den Schutz vor diskriminierender Gewalt haben.

Neben dem zentralen Schutzmotiv aller paganen Politik treten auch ökonomische und kulturelle Ziele hervor. Politik muss immer den besten Kurs finden, um der eigenen Wirtschaft die besten Rahmenbedingungen zu schaffen. In einfachen Zeiten ist das bereits schwierig. Aktuell leben wir allerdings in unsicheren Zeiten des Umbruchs. Unter diesen Umständen gelingt effiziente Wirtschaftspolitik noch schwerer und verlangt viel mehr Aufmerksamkeit und Ressourcen.

Das Pagane ist immer zuerst eine religiöse Kultur in ihrer Vielzahl von Spielarten. Nehmen wir das Pagane als Oberbegriff für alle naturreligiösen Kulturen der Erde, dann ist das Pagane die komplexeste Kultur der gesamten Menschheitsgeschichte. Deshalb ist es das hohe Ziel der paganen Bewegung, den naturreligiösen Kulten, Praktiken und Ritualen das Recht zu sichern, insofern sie die Menschenrechte einhalten, uneingeschränkt ausgelebt werden zu können. Dies klingt leichter als gesagt. Aber besonders monotheistische und auch materialistische (etwa die Kommunistischen) Gruppen Schränken diese Rechte ein.

Zuletzt bleibt als übergeordnetes Ziel der paganen Bewegung der Wahlkampf. In diesem entscheidet sich natürlich auch die Frage über Koalitionen oder die Art der Opposition für jede Legislatur. Aber es geht dabei vor allem darum, diesen Bereich zu einem zentralen Element jeder Überlegung zu machen. Seht, ich denke, pagane Politik hat das Potential, die beste Politik zu machen und zu einem der bedeutendsten Player auf der politischen Bühne aufzusteigen. Aber das wird nur gelingen, indem wir durch perfekte Wahlkämpfe den Draht zur wählenden Bevölkerung beständig verbessern.

Auch wenn ich mir den Mund fusselig rede, es geht nicht ohne harte Arbeit. Natürlich muss diese Arbeit auch klug oder intelligent sein. Aber gucken wir ins Geschichtsbuch, dann finden wir viele politische Bewegungen, die es an die Spitze geschafft haben, ohne besonders klug gewesen zu sein. Ihr Mangel an Intelligenz hat ihren Aufstieg nicht verhindert. Denn sie waren bereit, härter als alle anderen zu arbeiten, bis sie es geschafft hatten. Das ist der Weg zum Gipfel!

Das Geheimnis harter Arbeit

Ist harte Arbeit der Schlüssel zum Erfolg? Es ist sicher nicht der einzige. Aber ohne den richtigen Arbeitsethos ist es ausgeschlossen, bis ganz nach oben zu kommen. Auch die politische Bewegung der Paganen wird ihre Ziele nicht erreichen, solange sie nicht bereit ist, härter zu arbeiten als jeder ihrer Konkurrenten. Denn es ist ein Markt, auf dem wir uns in den freien Ländern befinden. Jede Partei kämpft darum, gewählt zu werden.

Es sind die Motive und Ziele, die darüber entscheiden, wie hart wir bereit sind zu arbeiten. Natürlich sind unsere Ziele von edler Natur. Doch es ist etwas anderes, dass die Motivation paganer Politiker und Politikerinnen anders macht als die aller anderen Parteien. Es ist unser Glauben oder vielmehr die spirituelle Welt, die für jeden Paganen die einzig wahre Realität ist.

Ich als Pagane lebe nicht nur in einer Welt aus Menschen, Tieren und Pflanzen wie die Materialisten. Meine Welt umfasst all das auch und geht zugleich weit darüber hinaus. Ich lebe in einer Welt aus Wundern und magisch-spirituellen Wesen. Diese sind zwar für meine fünf physischen Sinne nur bedingt fassbar, aber sie sind durch mein spirituelles Bewusstsein eine feste Entität innerhalb meines Lebens. Ein Beispiel dafür wären etwa die Götter und Göttinnen des nordischen Pantheons, die ich als absolut real ansehe, denen ich sogar einen deutlich höheren ontologischen Wahrheitsgehalt zuspreche als uns Menschen und die ich als Teil meines Lebens genauso akzeptiere wie das indische Pantheon.

Worauf will ich mit dieser Beschreibung hinaus? Nun das dürfte eigentlich schon offensichtlich sein. Es sind diese religiösen Entitäten, die uns motivieren. Für uns Heiden sind sie so wahr wie Mutter und Vater; oft übernehmen sie sogar die Funktion als zweite Mutter und/oder Vater. Ihr Einfluss auf unser Leben ist so gewaltig, dass wir sie zum Grund und Anlass all unserer Handlungen machen. Einfach gesagt, wenn pagane Politiker* etwas tun, dann tun sie es um ihren Gottheiten zu gefallen.

Wenn der materialistisch-kommunistische Politiker handelt, dann tut er es für seine Ideologie. In freien Ländern tun es die Materialisten für Geld und Ruhm. Aber wir Naturreligiösen tun es für unsere Götter. Wir wollen sie beeindrucken und ihnen mit unseren Taten beweisen, dass wir sie ehrfürchtig verehren. Man ist noch kein wahrer Heide, wenn man nicht das göttliche Bewusstsein hat. Damit meine ich an dieser Stelle nichts hochtrabendes. Das göttliche Bewusstsein ist einfach das Bewusstsein über die Wahrheit der naturreligiösen Götter und Göttinnen.

Das Leben verändert sich, wenn man sich bewusst wird, dass sie immer da sind und jedes Wort, jede Tat und auch jeden Gedanken mitbekommen; möglicherweise sind sie sogar fähig unsere zukünftigen Taten bereits zu sehen, bevor wir sie tun. Ihre Fähigkeit uns wahrzunehmen, übersteigt die technischen Möglichkeiten der derzeitigen Überwachungstechnologien, die wir in den nächsten tausend Jahren entwickeln werden. Mit dem lebendigen Gewahrsein zu leben, dass das so ist, verhält sich ein Pagane immer anders als ein Materialist.

Es gibt sehr viele Beispiele, da Menschen sich dieser Göttlichkeit bewusst wurden, ohne dass sie zuließen, dass dieses Bewusstsein ihr Leben transzendiert. Das geschieht immer dann, wenn sich die Menschen zwar der Göttinnen und Götter bewusst werden, aber sie nicht im Ansatz begreifen, was das Göttliche zum Göttlichen macht und inwiefern die Götter an uns Erwartungen stellen. Beides sind akzeptable Zustände in einem dunklen Zeitalter, das keinen Zugang zu Datenbanken voll grenzenlosem Wissen hat, wie wir es haben. Wir verfügen nicht nur über diese Datenbanken. Mithilfe der A.I. Assistenten können wir dieses Wissen unseren Bedürfnissen entsprechend filtern lassen. Das ist ein Privileg unserer Zeit. Wie jedes Privileg kommt es immer im Einklang mit bestimmten Pflichten, deren Erfüllung dafür sorgt, dass das Privileg später nicht zu einem negativen Bumerang–Effekt führt.

Der Glaube und das Bewusstsein unserer göttlichen Wegbegleiter beflügelt unsere menschlichen Herzen. Ich garantiere euch, dass jede:r, der oder die ein wahrhaftes Bewusstsein über die Götter; Göttinnen und die zahlreichen anderen spirituellen, höheren Wesenheiten erlangt, sein Leben komplett umstellen wird.

Ich garantiere euch ebenso, dass er oder sie um ein vielfaches willensstärker agieren wird. Ich sage nicht, dass dieser Mensch dieselben Ziele wie vorher verfolgt. Möglicherweise haben sie durch die Erkenntnis des Göttlichen ihre Bedeutung verloren. Aber das göttliche Bewusstsein wird seinen Willen beflügeln und ihr werdet sehen wie sie oder er mit höherer Willenskraft als jemals zuvor seine oder ihre Ziele verfolgt.

Liegt der Schlüssel zum Erfolg der paganen Bewegung im göttlichen Bewusstsein? Absolut! In der Erkenntnis, dass es höhere Wesenheiten geben muss, die spiritueller Natur sind, Zugang zu höheren Daseinsformen haben und mit uns in Kontakt treten, wenn wir die Voraussetzungen erfüllen, liegt der Same, aus dem heraus der Erfolg der Paganen wachsen wird.

Natürlich gibt es Pagane, bei denen ihr diesen Eifer nicht finden werdet. Auch wenn ich mir dessen nicht hundertprozentig sicher bin, so schätze ich doch, dass ihr Glaube und ihre Überzeugungen nur schwach oder höchstens mittelmäßig ausgeprägt sind. Daran ist nichts verwerfliches, möchte ich mit Nachdruck betonen. Es ist nur eine Feststellung des Grades ihres spirituellen Bewusstseins. Auch ich habe so begonnen. Lange wurde ich von Zweifeln gequält.

Von der erstmaligen Einsicht, dass es höhere, spirituelle Wesenheiten gibt, die mit uns Menschen seit unzähligen Generationen in Kontakt stehen, bis zu dem Niveau, welches ich nach vielen Jahren des Zweifelns, Leugnens und Ignorierens erreicht hatte, dass es keine andere Möglichkeit geben kann, als dass das die Wahrheit ist, liegen über zwanzig Jahre persönlicher Entwicklung.

Der Prozess spiritueller Reife ist ebenfalls harte Arbeit. Erst am Ende wartet ein heiliger Brunnen grenzenloser magischer Energie, der unser tägliches Leben bereichern und uns zu Höchstleistungen antreiben wird. Die Crux ist augenscheinlich: Wir müssen erst einmal viel Energie aufwenden, um zu einer Quelle quasi unversiegbarer Energie zu gelangen. Aber das ist das Leben: Ohne Schweiß gibt es keinen Preis. Ich kann euch garantieren, diese Arbeit lohnt sich. Sie schützt zugleich davor, am Lebensende aufzuwachen und einsehen zu müssen, dass man ein oberflächliches, stumpfes und sinnloses Leben gelebt hat. Der spirituelle Pfad ist ein Pfad der geistigen Tiefe und des ewigen Strebens nach dem höchsten Sinn in der Welt.

Das pagane Geheimnis harter Arbeit ist enthüllt worden, um den Heiden, die am Anfang ihres spirituellen Weges stehen, eine Landkarte mit genauer Richtungsangabe an die Hand zu geben. Der spirituelle Pfad wird so relativ simpel. Es beginnt mit dem Streben sich der höheren, spirituellen Immanenz bewusst zu werden, bis der Kulminationspunkt erreicht ist, von dem an dieses Bewusstsein zu einer natürlichen Eigenschaft geworden ist. Dieser Prozess gestaltet sich heute anders als in jenem langen Zeitalter und ich gehe hier von mindestens sechzig tausend Jahren aus, in denen dieses spirituelle, heidnische Bewusstsein quasi mit der Muttermilch aufgesaugt wurde und von Kindestagen an die normale und gesellschaftlich einzig akzeptierte Sichtweise war. Heute leben wir in einer Welt mit pluralistischen Welterklärungsmodellen, in der sich dieser Prozess der Entwicklung des spirituellen Bewusstseins anhand vielmehr Kriterien ausbilden muss, welche ihm als Gegenmodelle entgegenwirken wollen. Nichtsdestotrotz kann er gelingen und gerade weil er heute schwieriger ist und mehr bewusst eingesetzter Energie bedarf, übersteigen seine Effekte und Ergebnisse die früherer Generationen.

Eine weitere Kraftquelle sind die heidnischen Rituale. Tatsächlich müssen wir davon ausgehen, dass die meisten (Natur)religiösen durchgeführt wurden, um sich zu stärken. Dabei ist es sekundär, ob es um das Stärken der mentalen oder körperlichen Kräfte, oder um das Erwerben von göttlichem Beistand (Glück) geht, um in militärischen, politischen oder geschäftlichen Kämpfen zu siegen. Eine der Hauptaufgaben eines Rituals ist es, die Teilnehmenden für Bereiche außerhalb des Rituals zu stärken. Dass das gemeinsame Durchführen eines einfachen Rituals bereits automatisch stärken kann, einfach weil die Gemeinschaft der Gruppe diesen Einfluss ausübt, sei vorausgesetzt; es ist aber nicht das, was sich Pagane versprechen, wenn sie ein Ritual durchführen.

Wir wissen nicht, wann Menschen die ersten Rituale einführten. Wir können aber davon ausgehen, dass sie das Zentrum des sozialen Lebens eines Stammes oder einer Sippe ausmachten. Diese Bedeutung haben spirituelle Rituale in unserer Zeit (leider) nicht mehr, wobei es selbstverständlich noch Rituale in unseren Gesellschaften gibt, die solch eine enorme Bedeutung haben. Die Wahl ist etwa eines dieser Rituale, das unsere Gesellschaft prägt. Dennoch können wir allein oder im kleinen Kreis auch immer noch spirituelle Rituale durchführen.

Ich glaube, die größten heidnischen Rituale, an denen ich als Teilnehmer als auch als Teil der Leute, die das Ritual für die anderen aktiv durchgeführt haben, mitgemacht habe, umfasste etwa fünfzig Personen. Das war eine wunderschöne Ausnahme. In den meisten Fällen waren es knapp über ein halbes Dutzend Personen. In vielen Jahren habe ich Erfahrungen mit Gruppenritualen gesammelt und ich kann beschwören, dass sie einen positiven Effekt haben. Dazu kommen natürlich noch die vielen tausend Rituale, die ich privat durchgeführt habe. Mir gaben und geben sie Kraft und innere Klarheit. Ich kann sie jedem empfehlen, dem oder der es an Klarheit, Energie und Mut fehlt.

Manche nennen sie die Höheren, manche die Götter und manche die Geistwesen. Letztendlich ist der Name für diese Entitäten nicht entscheidend. Es ist sogar zu vernachlässigen, dass eindeutig bewiesen ist, dass wir Menschen diesen Entitäten seit mehr als zehntausend Jahren unsere Aufmerksamkeit schenken. Alles was wir haben, ist das hier und jetzt. Einzig und allein in diesem einzigartigen Augenblick können wir etwas bewegen. Die einzige Frage, die jede:r von uns beantworten muss, ist, was diese Entitäten von uns erwarten.

Unsere Pflicht

Kein Pagane darf oder kann, falls er oder sie Klugheit besitzt, glauben, dass die Höheren nichts von uns erwarten. Diese Einsicht mag vielleicht erst ein Geschenk der Reife des Geistes oder ein Ergebnis ernsthaften Glaubens sein. Doch für alle die eine der beiden Stufen erreicht haben, wird es automatisch zur Aufgabe, ihre Pflicht gegenüber der Welt zu erfüllen, die ihnen Heimat, Liebe und Erkenntnis geschenkt hat.

Was ist diese Pflicht oder anders gefragt, wie findet jede:r einzelne heraus, was ihre Pflicht angesichts der Fähigkeiten ist, die ihm oder ihr das Schicksal geschenkt hat? Diese Antwort scheint schwer und wenn wir uns auf die Details konzentrieren, dann wird sie das auch. Aber aus einer anderen Sicht wird diese Antwort einfach und universell. Es ist der Wille, sie erfüllen zu wollen. Nichts anderes kann am Anfang stehen, außer der Entfesselung des unstillbaren Willens seine Pflicht gegenüber der heiligen Mutter Natur erfüllen zu wollen. Alle anderen Details und Antworten werden sich finden, solange das Feuer des Herzens nur weiter vorwärts drängt.

Wir haben schon darüber gesprochen, dass seit mehreren Jahrzehnten die heilige Natur katastrophale Warnsignale sendet. Natürliche Zyklen, die für unzählige tausende Jahre geflossen sind, drohen zu versiegen. Für einen Heiden ist die Natur ein vollbewusstes Wesen. Die Sprache, die diese Naturkatastrophen sprechen, ist eindeutig. Die Götter der Natur rufen uns. Es ist Zeit diesen Ruf zu erhören. Welcher Mensch mit geistiger Reife kann noch daran zweifeln, dass die Zeit großer Taten gekommen ist?

Können wir weiter Sklaven der Unterhaltungsindustrie bleiben und unser Leben den sinnbefreiten Zerstreuungen hingeben, während die Natur sich gefährlich schnell wandelt und böse Reiche sich erheben, die den freien Völkern ihre Freiheit und ihren Besitz rauben wollen? Einst waren wir die Leibeigenen von Diktatoren und Priestern des einen Gottes. Wenn sie riefen, mussten wir für sie arbeiten und Krieg führen. Nur weil mutige Männer und auch Frauen gegen diese Tyrannei aufgestanden sind, konnten wir uns von ihrem Joch befreien. Wer glaubt, dass diese Tyrannei nicht wieder über uns hereinbrechen kann, wird sich weiter dem Müßiggang hingeben. Aber wer die Geschichtsbücher aufschlägt und sich genau informiert, welche Prozesse aktuell in der Welt vor sich gehen, der kann nur zu dem Schluss kommen, dass die Gefahr nicht gebannt ist. Sie wird sogar mit jedem Jahr größer. Und auch wenn diese Prozesse schon Jahre vor der Corona-Pandemie begonnen haben, so wurden sie dadurch dramatisch potenziert.

Diese Welt braucht mutige Männer und Frauen, die ihre Pflicht erfüllen, damit das Erdenschiff nicht im Sturm versinkt und wieder dem Licht entgegen segeln kann. Tatsächlich wirkt es so, als ob diese Erde dringend eine Bewegung braucht, die das Steuer wieder herumreißen kann, um in ruhigere Gewässer zu segeln. Ich glaube, die pagane Bewegung kann diese Bewegung sein. Zum Ersten sind wir die Erben der ersten Kultur der Menschheit. Zum anderen ruht in den Traditionen der Paganen das Potential, um wieder in Harmonie mit der heiligen Mutter Natur leben zu können.

Es ist verwegen zu sagen, dass der Klimawandel nicht passiert wäre, hätten die Naturreligiösen in den letzten Jahrhunderten mehr Einfluss gehabt. Das hatten sie nicht, stattdessen sind sie leider unter der Vorherrschaft der Buchmonotheisten fast verschwunden. Gerade als ihr Einfluss am geringsten war, setzte das Zeitalter der Ideologien ein und löste die größten Kriege der Menschheitsgeschichte aus; zugleich wurden die Prozesse initiiert, die den Klimawandel bedingten.

Seit mindestens zweihundertfünfzig Jahren stellen die Buchmonotheisten weltweit die Mehrheitsgesellschaft inklusive der dazugehörigen Privilegien. Zugleich war es die Zeitspanne, in welchem der Atheismus zu weltweiter Bedeutung gelangt ist und vertreten durch die linken Kommunisten haben sie teilweise einen großen Teil der Welt beherrscht. Trotz all der großen Fortschritte in dieser Zeit gab es keine Zeit in der Menschen anderen Menschen schlimmere Dinge angetan haben. An den Gestaden dieser Tage spüren wir, wie groß die Angst der Heutigen ist, wenn sie in die Zukunft blicken.

Was passiert, wenn die Menschen ihre Pflicht nicht erfüllen? Angesichts dessen wie extrem instabil unsere

Welt geworden ist, wirkt es banal zu sagen, dass dann alles zusammenbrechen würde. Es ist vermessen, jetzt zu behaupten, dass wenn die Männer und Frauen der freien Völker ihre Pflichten besser erfüllt hätten, dann würden wir heute nicht so gigantischen Gefahren ins Auge blicken. Das alte Spiel von „was wäre wenn" löst leider keine Probleme. Uns bleibt immer nur das Hier und Jetzt, um mit unseren Taten, die unsere Pflicht sind, eine bessere Welt aufzubauen.

Hehre Ziele vs. nackte Realität

Wir Menschen setzen uns große Ziele, weil wir glauben wollen. Wir brauchen etwas, zu dem wir aufsehen können. Hehre Ziele beflügeln unsere Herzen, betäuben die Ängste und Zweifel und lassen uns allen Gefahren zum Trotz, mutig in den Kampf ziehen. Es ist ein Ausdruck menschlicher Größe edlen Idealen folgen zu wollen und es ist die bittere Wahrheit gefüllter Leichenäcker, daran zu zerbrechen.

Die Welt ist nicht so, wie wir sie uns in unseren kleinen Köpfen vorstellen. Sie ist noch nicht einmal so, wie wir sie in unseren Büchern und Filmen darstellen. Die nackte Realität verlangt Zähheit von uns, und die Wahrheit, dass wir mit jedem Tag unserem eigenen Tod wieder einen Schritt näher kommen, trübt den größten Sieg. Das da draußen und die kleinen Geschichten, die wir uns im Kopf basteln, sind wie zwei Magnete, die sich anziehen. Aber sobald sie zu nah sind, kehrt sich die Polarität um und sie stoßen sich wieder ab. Nicht wenige Menschen, die an dieser Unvereinbarkeit zerbrochen sind.

Hätten die Altvorderen mit ihren großen Idealen Erfolg gehabt, säßen wir nicht in diesem Dilemma. Das gilt für die Menschheit im Allgemeinen. Im Besonderen meine ich natürlich die Naturreligiösen. Wir haben und mehr noch: Wir hatten große Ziele. Jahrelang habe ich die Schriften der antiken Griechen und Römer studiert. Was hatten sie für große Ziele und Visionen. Noch tausend Jahre später in der Renaissance haben die Menschen ehrfürchtig von ihrem Erbe gezehrt. Aber wie viele ihrer großen Visionen konnten dem Sturm der wilden Zeiten standhalten? Wie viel mehr sind unerfüllt zu Staub zerfallen und haben keinerlei Spuren hinterlassen, sodass wir uns heute an sie erinnern können?

Treten wir vor den Spiegel und schauen uns ins Gesicht. Jede:r von uns hat Ziele. Manche sind größer, manche kleiner. Aber es gibt keinen Menschen, der keine Ziele hat. Ich schätze, das ist eine der Haupteigenschaften, die uns Menschen auszeichnet. Während wir uns im Spiegel betrachten, sollten wir uns fragen, wie sehr wir bereit sind, alles zu geben, damit unsere Ziele wahr werden können? Frage dich bitte, ob deine Träume auch zu Staub zerfallen und für immer vergessen werden?

Gucken wir unserem wahren Selbst ins Gesicht. Schauen wir uns den Menschen auf der anderen Seite des Spiegels an. Was fühlen wir, wenn wir uns selbst sehen? Keiner von uns kann dieser Begegnung und den Fragen, die das Gesicht im Spiegel mit seinen Augen stellt, entkommen. Wer glaubt, dass diese Begegnung mit dem eigenen Selbst und auch den eigenen Schatten einfach ist, der ist auf dem spirituellen Pfad noch nicht weit gekommen. Alle großen heidnischen Kulturen der Erde hatten Rituale, um sich dem eigenen Selbst oder den inneren Dämonen zu stellen.

Nur weil es sehr schwer ist, große Ziele zu erreichen, bedeutet das nicht, dass wir uns keine großen Ziele setzen sollten. Das wäre ein falscher Weg, vor allem weil es der Weg zur inneren Bedeutungslosigkeit wäre. Ein Mensch, der nicht mehr träumt, wird innerlich ausbrennen und am Ende nur noch eine leere Hülle sein. Es ist letztendlich so, dass es unsere Träume und Ziele sind, die bestimmen, zu wem wir werden. Es ist wahrscheinlich, dass es unsere Träume sind, die die Ursachen für alle unsere Taten und Worte sind.

Die verschiedenen Ströme heidnischer Kulturen der Erde zu einer vereinten Bewegung machen zu wollen, ist ein hehres Ziel. Aus mehreren Gründen wirkt es unmöglich, aber das spielt hier an dieser Stelle keine Rolle. Was zählt ist, dass dieses Ziel ein hehres Ziel ist. Ob es möglich ist, kann niemand wissen, da es noch nie probiert worden ist. Denn der einzige Weg, um herauszufinden, wie weit und ob es überhaupt möglich ist, finden wir nur heraus, indem wir es probieren. Dieser Wagemut an sich ist ein hehres

Ziel, aber er ist auch der Pfad zur Erfüllung der eigenen Träume.

Weg von den Wagnissen unseres Lebens und hin zur nackten Realität. Diese Welt ist brutal. Was Menschen anderen Menschen auch in unserer Zeit antun, ist so grausam, dass wir es uns besser nicht vorstellen. Allein am heutigen Tag ist da draußen ein Mensch, der von einem anderen brutal ermordet wird. Irgendwo wird eine Frau und ein Kind vergewaltigt und ein Mann gefoltert. Jede:r der oder die jetzt glaubt, davor sicher zu sein, dem sei gesagt, dass das Millionen gesagt haben, die am Ende vom Vorschlaghammer der Realität aus den Socken gehauen wurden.

Auch wenn die Realität am Ende durch und durch brutal, gewalttätig und narzisstisch ist, dürfen wir unsere Ziele niemals aufgeben. Selbst wenn es uns heute unmöglich erscheint, müssen wir an den paganen Werten festhalten. Denn unsere Werte sind das Einzige, das uns in dunklen Stunden auffangen kann. Deshalb stecken wir uns edle und tugendhafte Ziele. Wenn wir diese Werte annehmen, werden wir in die richtige Realität laufen.

Drogenhandel, Erpressungen und Bandenkriege sind die harte Realität in vielen Teilen der Welt. Auch wenn es bei uns weitaus geringer ausgeprägt ist, besteht diese Gefahr auch bei uns. Eine Pagane Partei, die etwas wert sein will, muss sich diesen Aufgaben stellen. Der Kampf gegen Banden und Korruption ist in den beiden Amerikas bereits zu einer zentralen Aufgabe geworden. Bei uns ist das noch nicht so, weil diese Dinge bei uns viel weniger ausgeprägt sind und kaum öffentlich darüber gesprochen wird. Ich hoffe, dass es so bleibt. Allerdings bin ich sehr für eine präventive Vorbereitung.

Das Fazit ist an dieser Stelle einfach. Wir haben auf der einen Seite die schöne Welt unserer Ziele und Träume. Sie lassen unser Leben funkeln. Mit dieser Perspektive lässt sich das Leben genießen. Auf der anderen Seite haben wir eine Welt, deren Zustand verstörend ist. Es bleibt an dieser Stelle nur die Erkenntnis, dass beide Gegenmodelle sich bedingen. Sie gehören zwangsläufig zusammen. Letztendlich bedeutet es, wir brauchen unseren Schmerz nur als Antrieb zu nutzen, um uns zur Verwirklichung unserer hehren Ziele führen zu lassen.

Wir wollen, dass alle Naturreligiösen in Ruhe, Frieden und selbstbestimmt leben können. Die nackte Realität sieht anders aus und selbst in Indien leben sie unter der zermürbenden Angst, dass jederzeit wieder einer dieser irren Islamisten eine Bombe direkt vor ihren Füßen hochgehen lässt. Nirgends auf der Welt sind wir wirklich sicher oder frei von Benachteiligungen. Deshalb muss es das hehre Ziel der paganen Bewegung sein, hier endlich etwas zu ändern.

Erst wenn wir sicher sind, dass jedes naturreligiöse Kind oder anders gesagt jedes Kind naturreligiöser Eltern sicher aufwachsen kann, können wir uns ausruhen. Bis dahin sind wir uns der unfairen gesellschaftlichen Bedingungen bewusst, aber wir benutzen sie als einen Antrieb. Denn wir leben, um unseren hehren Zielen entgegenzustreben. Wir leben, um den Traum der paganen Bewegung zu erfüllen.

Große Männer wurden nur groß, weil sie sich große Ziele setzten. Das gleiche gilt natürlich für Frauen und was es sonst noch so alles gibt. Das klingt jetzt wie eine Binsenweisheit, aber das ist sie nicht. Es ist der Grund, warum viele am Ende ihres Lebens enttäuscht sind und mit Reue auf die vertanen Chancen zurückblicken. Wer aus seinem Leben etwas großartiges machen will, braucht große Ziele. Sich der paganen Bewegung anzuschließen und ihre Ziele als die eigenen anzunehmen, ist ein hervorragender Weg, dem Leben Sinn und Tiefe zu geben. Letzteres ist vor allem deshalb so wichtig, weil die Welt der Menschen derzeit immer oberflächlicher, stumpfer und kurzlebiger wird, etwas wozu die pagane Bewegung ein Gegenpol sein will.

Die Welt zu einem besseren Ort machen zu wollen, klingt abgedroschen in den Ohren einer Zivilisation, die von dramatischen Schlagzeilen geprägt ist. Aber es ist das, was bleibt, wenn wir uns fragen, was wir wirklich wollen sollten. Für wen machen wir sie besser? Nun zunächst einmal für uns selber. Viele werden mich jetzt einen Egoisten nennen, weil ich will, dass sich jede:r erst einmal um sich selbst kümmert. Aber die Wahrheit ist, dass wir erst einmal nur für uns selbst sagen können, wie diese bessere Welt aussehen muss. Wir können schlecht unsere Vorstellungen anderen aufzwingen, schon allein deshalb weil wir auch nicht wollen, dass uns jemand seine Werte aufzwingt. Zum Zweiten ist es so, dass wenn wir es nicht einmal schaffen für uns selbst ein kleines Paradies zu erschaffen, wie wollen wir dann die anderen ins Paradies führen?

Fangen wir mit uns selbst an. Finden wir heraus, was wir wirklich wollen und dann reißen wir uns den Arsch auf und holen uns das. Wenn wir es dann haben und wirklich unsere Wünsche erfüllt sind, dann wissen wir, wie es geht und können den anderen helfen, auch ihre Wünsche zu erfüllen. Wenn das soweit gelingt, dass es viele weitere tun, dann wird sich das Ganze überlappen und die Welt wird eine bessere werden.

Dieser einfache Plan soll nicht darüber hinwegtäuschen, dass wir auch echt große Probleme haben. Es beginnt mit den militärischen Spannungen überall auf der Erde und dem Klimawandel. Es geht weiter zur neuen Altersarmut, Obdachlosigkeit und mangelnden Gesundheitsversorgung. Selbstverständlich führt es auch zu dem Punkt, den ich schon genannt habe, nämlich dem Ökonomischen. Denn wer immer PolitikerIn werden will, muss sich zuerst darum kümmern, dass die Bevölkerung genug zu konsumieren hat und dass die Auftragsbücher der Unternehmen gefüllt sind. Das sind die echten Schwergewichte, mit denen sich jeder befassen muss, der sich der paganen Bewegung anschließen will.

Erziehung ist alles!

Was ist Kultur anderes als ein generationsübergreifender Prozess der Erziehung? Wir sind Kinder einer Kultur. Wir gehören zu ihr. Sie prägt, formt und stabilisiert uns. Aber wie kam es, dass wir Mitglieder dieser Kultur wurden? Sie ist schließlich nicht das Resultat unserer biologischen Gene. Die Antwort ist simpel oder zumindest scheint sie simpel. Denn so leicht sie zu nennen ist, so schwer ist es, zu verstehen, was damit in seiner ganzen Komplexität gemeint ist und wie es auf hohem Niveau umgesetzt wird.

Die Antwort wird jedem von euch schon klar gewesen sein. Es ist die Erziehung. Mithilfe der Erziehung wird uns die Kultur eingepflanzt und tatsächlich ist es so. Denn sobald der kulturelle Samen in uns gesät ist, fängt er an zu sprießen. Wird er anständig gedüngt, dann bildet er jene beeindruckenden Formen aus, die wir in den vielen Geschichtsbüchern bei den alten Hochkulturen bestaunen können.

Unser Leben ist das Produkt der Erziehung. Wir sind zu Kindern einer Kultur geworden, weil diejenigen die uns erzogen haben, auch Teil dieser Kultur waren. Unter den Heiden ist der Blick zurück zu den Vorfahren von höchster Bedeutung. So fragen wir, was der Anfang unserer Kultur war und wie es eigentlich losging, dass wir Menschen unsere Kultur an unsere Kinder vererbt haben. Wer mich bis hierher richtig verstanden hat, dem wird klar sein, was ich jetzt sagen werde. Natürlich stand am Anfang die pagane Kultur. Das ist nicht nur meine Meinung, sondern auf der Grundlage der vorliegenden historischen und archäologischen Fakten müssen wir davon ausgehen, dass die naturreligiöse Kultur die erste Kultur der gesamten Menschheit war und damit ihre ursprüngliche Kultur ist.

Zu sagen, Erziehung ist alles, klingt so, als ob es sonst nichts relevantes mehr gibt. Ja, genau so ist es! Erziehung ist alles. Nun muss hier klar sein, dass ich das Wort Erziehung als Oberbegriff für alles benutze, was sich mit Prozessen der Bildung, Sozialisation und Schulung befasst. Dazu zählen auch Themen wie Sittlichkeit, Zucht, Schliff, Prägung und Anstand. Aber was hat das jetzt mit der paganen Bewegung zu tun? Nun ohne Erziehung gibt es keine pagane Bewegung. Ohne dass wir uns hinsetzen und unseren Anhängern beibringen, Träger und Trägerinnen der heidnischen Kultur auf höchstmöglichem Niveau zu sein, ist die pagane Bewegung dem Untergang geweiht. Im Umkehrschluss bedeutet das, dass sich jede:r der oder die sich der paganen Bewegung anschließt, alle Kräfte in die Erziehung investieren muss.

Am Anfang der Erziehung steht der Einfluss anderer auf uns. Wir werden erzogen. Es sind Kräfte, die auf uns einwirken, um uns zu formen. Das sind die Eltern, Ideale und natürlich die Lehrer und Lehrerinnen. Auf dieser Stufe folgt die eigene Erziehung, nennen wir sie einfach Selbstzucht. Das ist ein Prozess der Veredelung. Es ist die entscheidende Stufe, die darüber entscheidet, ob jemand nur ein schwacher Träger der Kultur wird oder ob er oder sie eine hohe Stufe der Kultur ausbildet. Ich persönlich finde Mittelmäßigkeit schrecklich und aus diesem Grund lege ich so viel Wert auf diese Stufe. Auf diese Stufe folgt logischerweise die Lehre. An dieser Stelle schließt sich der Kreis. Waren wir auf der ersten Stufe auf gute LehrerInnen angewiesen, die uns (aus)bilden und uns den Weg zeigen, so werden wir auf der dritten Stufe selbst zu Lehrern oder Lehrerinnen.

Die Bewegung des politischen Heidentums braucht neue, bessere und mehr LehrerInnen. Es steht außer Frage, dass der Mangel an guten, paganen Lehrern der Hauptgrund ist, weshalb wir als Bewegung so unbedeutend sind. Wer wirklich etwas für die pagane Bewegung tun will, muss zur paganen Lehrkraft werden.

Was gibt es schöneres im Leben, als zu wissen, dass etwas von uns in den anderen weiterleben wird, wenn wir gestorben sind? Natürlich ist das in unseren Kindern am manifestesten, aber das meine ich hier nicht. Stellt euch vor, ihr setzt euch zwanzig oder mehr Jahre hin und erlangt in einer Disziplin eine sehr hohe Meisterschaft. Nachdem ihr das geschafft habt, stellt ihr euch mit feurigem Herzen den Kindern der nächsten Generation zur Verfügung und führt sie auch zur Meisterschaft. Eure spirituelle Energie wird sich auf diese Schüler und Schülerinnen übertragen und in ihnen weiterleben. Ich glaube, dieses Erbe ist extrem kostbar, vielleicht sogar kostbarer als jedes vererbte Geld. Wobei ich nichts gegen

Geld habe, aber hier dennoch den Unterschied aufzeigen möchte, um wie viel wertvoller dieses Erbe ist.

Es gibt viele pagane Disziplinen, in denen wir bis zur hohen oder höchsten Meisterschaft gelangen können. Natürlich verweist dieser Text auf die politische Dimension der pagane Welt. Das umfasst Fähigkeiten wie Rhetorik, Charisma und Organisationstalent, in denen man zur Meisterschaft gelangen und dann die anderen belehren kann. Aber es gibt auch die paganen Künste wie Musik oder Bildhauerei. Genauso gibt es spezifisch heidnische Sportarten und hier wird bewusst angemerkt, dass die griechische Kultur als Erfinderin der Olympischen Spiele eine heidnische Kultur war und alle antiken Sportarten der Olympiade genuin heidnisch sind. Mitnichten endet es hier, aber es wirft zugleich den Blick auf einen einzigen Punkt, nämlich ob man die Stärke besitzt, sich Jahre und Jahrzehnte ernsthaft in einer dieser Disziplinen zu üben.

Erziehung endet nicht, wenn wir die Schule verlassen. Viele glauben das. Sie endet auch nicht, wenn wir unsere Ausbildung oder unser Studium beendet haben. Natürlich werdet ihr jetzt sagen, dass sie nie endet und ein lebenslanger Prozess ist. Ihr trefft den Nagel auf den Kopf. Ich gehe sogar soweit zu sagen, dass unsere Fähigkeit zu lernen, das ist, was uns Menschen zu Menschen oder anders ausgedrückt, dass unsere Fähigkeiten zu lernen der Hauptunterschied zwischen uns und den Tieren ist. Tatsächlich lernen wir immer, aber eben meist nur nebenbei und implizit. Das ist gut, aber bei weitem nicht genug, falls wir uns aus der Bedeutungslosigkeit erheben wollen, um wieder im goldenen Sonnenschein tanzen zu können.

Ein altes asiatisches Sprichwort besagt, der Lehrer erscheint, wenn der Schüler bereit ist. Das stimmt mich nachdenklich, aber letztendlich kann ich nicht anders, als ihm zuzustimmen. Denn wenn der Schüler nicht bereit ist, kann der Lehrer vor ihm stehen. Er würde ihn nicht erkennen. Wir müssen gute Schüler werden, wenn wir gute Lehrer werden wollen. Wir müssen sogar gute SchülerInnen werden, um gute Pagane zu werden. Nur wenn wir in der Lage sind, Ablenkungen auszuschalten und uns ganz auf die Lehrerin zu konzentrieren, können wir selbst zu HöchstleisterInnen werden.

Die pagane Bewegung braucht kompetente Leute. Wenn wir so tun, als hätte es die letzten zweitausend Jahre an Entwicklung nicht gegeben, dann werden wir nachlässig werden. Die Standards sind heute um ein Vielfaches höher als zur Zeit der römischen Republik. Nur wenn wir die Zeichen der Zeit richtig zu lesen verstehen, werden wir die zentralen Muster identifizieren können, die das aktuelle politische Weltgeschehen prägen.

Deshalb nutze ich diese Chance und spreche euch alle an, die ihr zur paganen Bewegung gehört. Übt ernsthaft. Seid fleißig. Findet diese innere Stärke, diesen legendären Willen, der schon unsere Altvorderen vor Jahrhunderten angetrieben hat. Entzündet das Feuer eures Herzens und werdet eine hell leuchtende Fackel für die Welt. Die Welt wartet auf euch und die pagane Bewegung braucht euch!

Außerparlamentarische Partei

Aufgrund des besonderen Charakters der Paganen Partei als einer religiösen Partei stellt sich die Frage, ob ihre Hauptaufgabe im Parlamentarischen liegen muss? Schließlich könnte sie ihren Fokus auch auf die Förderung der paganen Kultur(en) richten. Diese Aufgabe profitiert zwar auch von den Wahlerfolgen und pro-paganen Beschlüssen in den Ausschüssen der Parlamente. Aber sie braucht sie nicht, denn sie kümmert sich vor allem darum, den paganen Gruppen dabei zu helfen, zu wachsen und zwischen den einzelnen paganen Zentren Netze der Verbundenheit zu knüpfen, die reiche Früchte bringen.

Das Außerparlamentarische und das Parlamentarische möchte ich hier nicht als Gegensatz verstanden haben. Aber ich halte es wirklich für möglich, dass wir mehr gutes erreichen, wenn wir uns auf die außerparlamentarische Kulturarbeit fokussieren und aus diesem Fokus heraus Wahlkampf betreiben und nicht einfach alles darin investieren, eine Wahl zu gewinnen, dafür aber total platt, oberflächlich und opportunistisch werden. Aktuell hat man den Eindruck, das ist das Geschäftsmodell der meisten Parteien. Längst geht es nicht mehr darum, dass der Beste und Kompetenteste gewinnt, sondern der mit dem meisten Charisma, damit er sich gut in den Medien präsentieren lässt. Dies hat dazu geführt, dass man in der Literatur heute von einer allgemeinen Führungskrise in den demokratischen Ländern spricht, einfach weil es keine fähigen Leute mehr an die Spitze schaffen aufgrund des medialen Auswahlprozesses.

Die pagane Bewegung sollte von Anfang an ihren Fokus nicht darauf legen. Pagan ist ein religiöses Wort und bedeutet natürliche Religion und sie sollte es sein, die im Vordergrund steht. Der globale Facettenreichtum paganer Kulturen ist so groß –ich nenne sie gern die komplexeste Kultur der Menschheit – dass wenn wir uns nur mit der Geschichte der paganen Kulturen befassen würden, wir genug hätten, um Jahrzehnten mit Aktivitäten, Studien und Veranstaltungen dazu vollzukriegen. Tatsächlich gibt es auch viele Pagane, ich pflege es, sie Traditionalisten zu nennen, deren gesamtes Leben der Aufrechterhaltung paganer Traditionen dient.

Ich empfinde die Traditionalisten als große Bereicherung, aber weder zähle ich zu ihnen, noch sind sie die einzige Gruppe unter den Paganen. Eine immer größer werdende Gruppe sind die spirituellen UmweltschützerInnen. Ihre politische Aktivität hat im letzten Jahrzehnt enorm zugenommen. Zwar hat es sie auch schon vorher gegeben, aber mittlerweile sind sie ein sichtbares Element der Naturreligion geworden. Die Auslöser für diesen Zuwachs waren selbstverständlich die Erfahrungen mit den ersten echten Auswirkungen des globalen Klimawandels. Dazu zählen die Wasserknappheit in immer mehr Regionen und auch die Zunahme verheerender Waldbrände und Fluten.

Für Atheisten, Agnostikerinnen oder allgemein die Materialisten ist es schwer nachzuvollziehen, aber für die spirituellen NaturschützerInnen sind diese Ereignisse ein Hilferuf der Natur. Der Raubbau, die Ausbeutung und die sinnlose Zerstörung natürlicher Habitate aus purer Profitgier lässt die Geister der Natur weinen. Denn die gesamte Erde ist für die Spirituellen eine Gottheit. Im Bild der Erdgöttin Gaia wird diese Wahrheit besonders deutlich. Aus diesem Grund unterscheidet sich ihr Herangehen an das Problem von dem der Materialisten. Denn sie fügen den Aktionen, wie sie die Materialisten auch durchführen, noch die spirituelle Dimension hinzu.

Das können Rituale oder magische Kreise sein, die immer das Ziel haben die Natur zu heilen. Denn sie glauben natürlich, dass zwischen den Menschen und den spirituellen Wesen der Natur eine untrennbare spirituelle Verbindung besteht. Wenn also die Natur leidet, dann werden sie/wir genauso leiden. Es ist ein Kreislauf, in dem alles miteinander verbunden ist. Dieser Erkenntnis verleihen sie mit ihren Ritualen Ausdruck, die so zahlreich sind wie die Sandkörner des Ganges. Es beginnt bei einfachen Trommelritualen, geht weiter über komplexe Rituale unter der Leitung erfahrener Schamanen, bis hin zur Kreation faszinierender Kunstwerke, um dem Schmerz der Erde Ausdruck zu verleihen.

Der spirituelle Umweltschutz ist eine klare politische Handlung, doch sie ist nicht parlamentarisch. Sie muss das auch gar nicht sein. Viele zweifeln mit Recht die Unterstützung oder auch nur Handlungsbereitschaft der führenden Politiker in Fragen des Umweltschutzes an. Die Portemonnaies der Lobbyisten scheinen im Vergleich zu den relevanten Fragen bei der Klimakrise interessanter zu sein.

Grundsätzlich ist es ein Sargnagel für gute Politik, wenn sie nur aus finanziellen Interessen heraus betrieben wird, etwa durch die Entlohnung mit guten Posten. Das zerstört den Idealismus und damit den moralischen Antrieb der Politik. Idealismus findet sich (oder eben nicht) sowohl bei uns Paganen als auch bei den Materialisten. Zugleich hoffe ich, dass unserer fester verankert ist, weil er sich auf dem Gewahrsein höherer Wesen gründet. Jedoch ist es am Ende nicht relevant, zu welchem Lager man gehört. Es zählt nur das positive Ergebnis.

Der naturreligiöse, spirituelle Umweltschutz braucht die parlamentarische Arbeit nicht. Er agiert losgelöst vom formellen Rahmen der Parlamente; tritt oft sogar als ihr Gegenspieler auf. Zudem ist der spirituelle Umweltschutz bodenständig und geerdet. Er ist quasi eine echte Graswurzelbewegung. Er orientiert sich an ökologischer Landwirtschaft, Minimalismus und dem Leben in der Gemeinschaft. Sie sind nicht nur bereit, für ihr Recht mit Demos und Blockaden zu kämpfen. Sie sind auch bereit sich die Finger schmutzig zu machen und auf ökologisch nachhaltige Weise dem Boden reiche Ernte zu entlocken.

Der Aufbau heidnischer Infrastruktur muss nicht an die Unterstützung der politischen Gremien gebunden sein. Denn würden wir warten, bis deren Einwilligung vorliegt, würde sich an unseren Ellenbögen Spinnweben bilden. Im Grunde ist das auch historisch logisch. Es ist nicht so, dass sich eine Partei gründet und sich dann Menschen ihr zuordnen. Meist ist es anders herum. Menschen mit einer bestimmten Meinung, Glauben oder Wohlstand, tun sich zusammen, um ihren Wirkradius zu potenzieren. Aus diesem Prozess gehen in der Regel die Parteien hervor. Das wird sicher auch in der paganen Welt geschehen. Dementsprechend wäre das Außerparlamentarische die Wurzel für den stolzen und grünenden Baum der paganen Politik.

Alles in der Welt ist auf magische Art und Weise miteinander verbunden. Diese Weisheit habe ich in allen heidnischen Traditionen gefunden, die ich untersucht habe. Deshalb sollte sich die pagane Bewegung zuerst darauf konzentrieren, dass allen Paganen rund um den Globus bewusst zu machen. Lasst uns nicht rausgehen und die Straßen mit Plakaten pflastern, auf denen wir um Stimmen betteln. Lasst uns lieber einkehren zu uns selbst. Lasst uns uns stärken, indem wir uns die Hände reichen, die Bande stärken und die alten Rituale durchführen. Wenn wir den Pfad zu uns selbst wählen, werden wir blühen wie die Kirschbäume im Frühling. Dadurch werden wir genug Menschen finden, die uns wählen. Vor allem werden wir uns auf diesem Weg selber finden, sodass wir uns in den wilden Kämpfen in den Parlamenten nicht verlieren.

Investieren wir Zeit in unsere religiöse Kultur und kümmern wir uns um den Nachwuchs. Und noch wichtiger, sorgen wir dafür, dass unsere Herzen Ehre und Anstand besitzen. Das ist unser außerparlamentarischer Weg. Wenn wir auf ihm zu uns selbst gefunden haben, können wir Demonstrationen und politische Straßenfeste organisieren. Dann können wir in öffentlichen Debatten zeigen, wie viel Licht in unserer Bewegung steckt und was für ein bereichernder Schatz unsere Bewegung ist.

Alten Groll aufgeben

In meinem Schlafzimmer hängt ein Bild von Jesus Christus. Meine Ehefrau hat es dort aufgehängt. Jeder der mich besser kennt, würde sich wundern, dass ich damit leben kann. Aber ich glaube mehr an die Liebe als an alten Groll. Dennoch wundert es mich bis heute, dass das Schicksal mich zu einer so stark christlichen Ehefrau geführt hat. Tatsächlich habe ich über hundert Frauen gedatet auf der Suche nach einer geeigneten Frau. In den Großstädten der freien Welt ist es schwerer, eine gute Ehefrau zu finden, als man denkt. Doch bei keiner der Frauen konnte ich mir vorstellen, sie zu heiraten.

Meiner heutigen Ehefrau habe ich noch am ersten Abend unseres ersten Dates gesagt, dass wir heiraten werden und das habe ich nie zuvor gemacht. Aber die magische Welt hat ihre eigenen Regeln. Alles passte. In der Nacht hatte ich einen extrem lebendigen Traum, dessen Bild sich so extrem in mein Wachbewusstsein eingebrannt hat, dass ich es heute noch spüren kann. Als nächstes fielen die Orakel an diesem Tag eindeutig aus. Ihr wisst, wie wichtig uns Heiden die Orakel sind. Dann gab es auch Zeichen, die etwas Großes ankündigten. Auch das ist etwas, das typisch für das religiöse Leben ist. Da war die Traumwelt, das Orakel und die Zeichen; sie sprachen eine eindeutige Sprache und heute bin ich ein glücklicher Ehemann. Dennoch bleibt die Frage - wie es sich für einen anständigen Spirituellen gehört - was mir die Höheren und GöttInnen damit mitteilen wollen?

Wenn wir uns an unsere Wut ketten, sind wir dazu verdammt, von ihm in die Tiefen des dunklen Ozeans aus Hass und Gewalt gezogen zu werden. So schön wie das formuliert ist, so schwer ist es, das zu leben, vor allem wenn man ein so feuriges Herz wie meines hat. Dennoch wird kein Mann sein letztendliches Glück finden, wenn er sich nicht von den Fesseln der Rache und Vergeltung lösen kann.

Auch wenn ich gelernt habe, meinem Hass den Laufpass zu geben, so habe ich meine Meinung nicht geändert. Weltweit haben Monotheisten in den letzten zweitausend Jahren über einhundert Millionen Pagane getötet. Es ist somit die höchste Zahl an Todesopfern, die es in einem menschlichen Konflikt zwischen sozialen Gruppen auf der Erde jemals gegeben hat.

Zudem hatte dieses Verbrechen eine Kontinuität von über tausend Jahren. Es ist somit, wenn wir es als Krieg ansehen und das halte ich für richtig, der längste Krieg der Menschheitsgeschichte. Des Weiteren sollten wir uns auch der Ausmaße dieses Konfliktes gewahr werden. Er hat auf allen bewohnbaren Kontinenten stattgefunden. In Europa ist in einem Prozess der Zwangschristianisierung faktisch alles heidnische ausgelöscht worden. Das was sie dann in Australien und den beiden Amerikas getan haben, ging an Grausamkeit sogar noch darüber hinaus. Statt weiter auf Zwangskonvertierungen zu setzen, haben sie versucht die naturreligiöse Bevölkerung auszurotten. Wir reden von geschätzt mehreren dutzenden Millionen Menschen, die dabei gestorben sind.

In meiner germanischen Heimat tobte der Krieg zwischen der heidnischen Urbevölkerung und dem fremdländischen Christentum zwischen dem fünften und achten Jahrhundert der christlichen Zeitrechnung. Wenn man genauer hinsieht, muss man sagen, dass es schon im dritten Jahrhundert begann. Ich habe eine alte Quelle gefunden, die beschrieb, wie der letzte freie, heidnische Stamm Germaniens, der sich auf eine Insel in der Ostsee zurückgezogen hatte, im dreizehnten Jahrhundert vernichtet wurde. Der Krieg zwischen Heiden und Christen in Europa hat demnach fast tausend Jahre gedauert, mit unterschiedlich intensiven Phasen.

In den Geschichtsbüchern unserer Schulen finden wir fast nichts zu diesem Konflikt. Dabei ist seine Bedeutung für Europa so groß wie die des zweiten Weltkrieges. Frage dich, was du von einem Geschichtsunterricht halten würdest, der den zweiten Weltkrieg komplett weglässt? Es ist einer der Gründe, warum ich nicht mehr gerne als Geschichtslehrer arbeite und lieber Musik unterrichte. Denn die Darstellung in den Schulbüchern passt nicht zu meinen Recherchen. Zugleich kann ich so eindeutige historische Belege, Quellen und Beweise anführen, dass ein Weglassen dieser Ereignisse die Validität der gesamten Geschichtswissenschaft in Frage stellt. Doch auf deren Grundlage sind die Schulbücher geschrieben worden.

Die historische Epoche der Renaissance beweist es ganz eindeutig. Überall steht, dass in dieser Zeit die Antike wiederentdeckt wurde. Aber was war die Antike anderes als die pagane Kultur? Das nicht explizit darzustellen, ist entweder ein Beweis für fehlerhafte Forschung oder ein Beleg dafür, dass die Autoren eine parteiische Haltung eingenommen haben. Dadurch wird die Objektivität der gesamten Forschungsergebnisse aufgehoben.

Das sind die historischen Fakten. Das was die Christen in der Vergangenheit unseren naturreligiösem Vorfahren angetan haben, ist das bisher größte Verbrechen in der Geschichte unserer Spezies. Aber können wir deren Nachfahren für diese Verbrechen zur Verantwortung ziehen oder eine Sippenhaft verhängen? Nein! Das können wir nicht. Es würde unsere Ehre zerstören und damit unser Ansehen vor den Göttern und Göttinnen beschmutzen. Sicher können wir für unser Recht kämpfen. Wir müssen sogar kämpfen, um allen Ungerechtigkeiten gegen uns Einhalt zu gebieten. Aber wir können keine Kollektivschuld an kleine Kinder verhängen, die damit nichts zu tun hatten. Das wäre dasselbe wie die Erbsünde und dieses Konzept entbehrt wohl jeder echten Moral.

Wenn die Welt ihren Groll begräbt, haben wir endlich eine Chance, dass bessere Tage anbrechen. Was könnte es schöneres geben, als zu wissen, dass unsere heutigen Taten in ein besseres Zeitalter führen? Die Ironie meiner Worte wird dann ersichtlich, wenn wir unseren Blick auf die heutige Welt richten.

Seit ein paar Jahren macht sich überall der Eindruck breit, dass unsere Zeiten mit jedem Tag dunkler werden. Krieg, Hetze, Klimawandel, disruptive Technologiesprünge, Bandenkriminalität, viele Gewaltverbrechen, Autokratien, Ausbeutungen und kollabierende Wirtschaften nehmen gefühlt stündlich zu. So tragisch all das ist, so klar wird es jedem Menschen werden, der die Welt so sieht wie ich, dass das die Folge falscher Werte ist. Denn mit jedem Tag, den wir weiter damit verbringen, nach einer Möglichkeit für Rache und Vergeltung zu suchen, werden wir keine Zeit haben, Lösungen für unsere Probleme zu finden.

Die Macht echten Glaubens

Ich bin in einer Kultur aufgewachsen, in der Glauben keine große Rolle spielte. Als ich klein war, gehörten wir noch zum kommunistischen Russland; allerdings durfte ich die Begeisterung meiner Großmutter miterleben, als wir durch das Fenster beobachteten, wie die russischen Soldaten abzogen und unser Land befreit wurde. Religion bedeutete damals wenig und viele Christen sagten sogar, dass meine Heimat der ungläubigste Ort der Erde wäre.

Zwischen damals und heute, da ich ein gläubiger Mensch geworden bin, liegen mehrere Jahrzehnte innerer Reife, Erfahrung und Leid. Wie bei vielen die sehr gläubig sind, liegen hinter mir Jahre, in denen mir die Scheiße bis zum Hals reichte, in denen ich mein Leben mehr als einmal fast weggeworfen hätte und meine Verzweiflung in Alkohol, Drogen und Orgien ertränkt habe. Heute bin ich gläubig und ja mein Glaube hat mich gerettet. Denn Glauben ist sehr mächtig.

Gucken wir uns die Statistiken an, dann ist mehr als die Hälfte der Menschheit im religiösen Sinne gläubig. Das sind mehr als fünf Milliarden Menschen. Die Zahl der naturreligiösen Gläubigen liegt bei etwa einer Milliarde Menschen, aber es geht hier um den Glauben im Allgemeinen. Es sind mehr Menschen, die gläubig sind, als vice versa. Was treibt mehr als jeden zweiten Menschen der Erde dazu, (religiös) zu glauben?

Für Gläubige ist die Antwort einfach: Es ist die Wahrheit! Natürlich wird euch jeder Gläubige sagen, dass das woran er glaubt, die Wahrheit ist. Denn das ist die Natur des Glaubens, nämlich die tiefe Überzeugung von einer höheren Entität, die über uns Menschen existiert. Dem stimme ich natürlich zu, aber ich garantiere euch, dass es noch einen anderen Grund gibt.

Glauben verleiht Macht. Glauben ist Macht. Wer jemals wahrhaft geglaubt hat, wird das ohne eine Sekunde zu zögern bestätigen. Sein oder ihr Glaube hat ihnen die Macht verliehen, um für das was sie wollen, härter zu kämpfen. Diese Eigenschaft des wahren Glaubens ist wahrscheinlich der eigentliche Hauptgrund, warum so viele Milliarden Menschen gläubig sind.

Wahrer Glauben kann uns durch die Dunkelheit tragen. Wahrer Glauben verleiht uns die Kraft, um den Schmerzen des Lebens widerstehen und mit aufrechtem Blick begegnen zu können. Das wichtigste aber ist, Glauben hat die Macht, den Zweifel in unserem Herzen zu besiegen. Der Zweifel ist ein furchtbarer Feind, der uns lähmt und zur Handlungsunfähigkeit verdammt. Wenn wir zweifeln, sind wir wie ein Mensch, der an einer Weggabelung mit einem dutzend Wegen steht und nicht weiß, welchen er wählen soll. Glauben wählt einfach einen Weg mit der Gewissheit, sich alle Gefahren stellen zu wollen, die auf diesem Weg auftauchen werden.

Zu glauben ist natürlich und es ist heilsam. In den großen Städten der reichen Länder leiden Millionen Menschen an

Selbstzweifeln. Diese Menschen haben nicht nur aufgehört, an eine spirituelle Wahrheit zu glauben. Sie haben auch aufgehört, an sich zu glauben. Gepeinigt von selbst-zerfleischenden Gedanken, leben sie ein Leben zwischen Depression und Neurosen, obwohl sie äußerlich betrachtet reicher sind, als alle Generationen vor ihnen. Ich halte es für wahrscheinlich, dass dieser Selbstzweifel aus derselben Quelle entstanden ist wie ihr Zweifel an religiösen Wahrheiten.

Wir sind die Kinder von über zehntausend Generationen. Es ist sehr wahrscheinlich, dass fast alle unsere Vorfahren (religiös) gläubig waren. Die Ersten davon waren im naturreligiösen Sinne gläubig und die absolute Mehrheit unserer Vorfahren glaubte naturreligiös. Was ist, wenn unser gesamter psychischer Apparat phylogenetisch so geprägt ist, dass er nur fehlerfrei im gläubigen Zustand funktioniert und anfälliger für psychische Erkrankungen wird, sobald wir nicht mehr glauben?

Unser heidnischer Glaube ist unser Schild und unser Speer. Das Leben ist hart und rau. Auch wenn wir nicht mehr wie unsere Vorfahren, ums Überleben kämpfen müssen. Unsere Welt ist noch immer gefährlich. Das gilt auch für die reichen Länder. Zweifelsfrei sind es in den armen Regionen größere Gefahren, aber das ändert nichts an der Realität. Unser Glaube kann uns schützen. Ich meine das selbstverständlich doppelt. Zuerst und so wird es jeder Atheist auch sehen, dass er uns eine mentale Stärke verleiht, um Widerstand leisten und triumphieren zu können. Aber für einen wahrhaft Gläubigen steht nun einmal fest, dass durch seinen Glauben, seine Gebete und Rituale die spirituelle Entität dazu gebracht wird, einen zu beschützen. Der Glaube wird dann zu einer Waffe und zugleich zu einem Panzer und die Jahrtausende zeigen, wie viele Menschen sich erfolgreich dieses Mittels bedient haben.

Stehen wir zu unserem heidnischen Glauben! Tausende Frauen sind als Hexen am Beginn der Neuzeit verbrannt und gefoltert worden, nur weil es den Verdacht gab, dass sie heidnisch sein könnten. Dieses dunkle Zeitalter der Verfolgung ist vorbei. In den Demokratien dürfen wir heute wieder zu unserem Glauben stehen. Wir müssen uns nicht mehr auf dem Hexenbrocken verstecken oder unseren Glauben in dunklen Kellern ausleben. Wir können rausgehen und unter der heiligen Sonnengöttin unsere Liebe zeigen.

Das neue Äon

In den Ländern, welche angelsächsisch geprägt sind, geht unter den Heiden seit über einem Jahrhundert die Legende vom neuen Äon um. Sie ist zu einem Symbol geworden, denn sie verspricht ein goldenes Zeitalter für das Heidentum. Es ist das Zeitalter des Wassermanns, welches das Fischzeitalter ablöst.

Überall geistert der Traum vom goldenen Zeitalter umher. Es gibt die Vorstellung, dass vorm Zeitalter der Fische die Religion im Großen und Ganzen frei war. Zwar war man als Teil seiner Sippe, Stammes oder Volkes Teil eines Narrativs. Aber es gab nicht den religiösen Zwang, wie er für knapp zweitausend Jahre charakteristisch für das Fischzeitalter war. Die Idee, die sich im Symbol des goldenen Sonnenaufgangs widerspiegelt, bedeutet also die Hoffnung auf eine Zeit, wenn die Religion wieder frei geworden ist und nicht als ein Instrument der Macht und Unterdrückung missbraucht wird. Tatsächlich sind mir Religionskriege im Zeitalter des Widders, welches vor dem Fischzeitalter stattfand, nicht bekannt. Gleichzeitig sind sie eines der Merkmale des gesamten Fischzeitalters. Falls das neue Äon wirklich verspricht, dass es endet, dass im Namen der Religion Krieg geführt wird, dann wäre es wirklich der goldene Sonnenaufgang eines neuen und besseren Zeitalters für alle Religionen.

Gucken wir uns die nackte Realität an, und ich mag das und ich finde Religiöse, die ihre Religion als Eskapismus benutzen nicht gut, dann ist das zentrale Merkmal des neuen Äons die technische Entwicklung. Eine disruptive Erfindung jagt die nächste und gestaltet die Welt und das Zusammenleben der Menschen neu. Für viele Spirituelle, die mit ihrem religiösen Weltbild im Fischzeitalter feststecken, sind diese Technologien ein rotes Tuch. Sie fürchten sich davor und äußern sich dahingehend, dass diese neuen Technologien mit ihrem religiösen Weltbild unvereinbar sind. Dass ich dieses Scheuklappendenken nicht teile, muss ich nicht extra erwähnen. Natürlich bevorzuge ich einen risikobewussten Umgang mit allen Phänomen der heiligen Welt. Denn jede Sache hat gute und schlechte Aspekte. Sich dieser Dynamik bewusst zu sein, verleiht die Möglichkeit, sie zum Vorteil einsetzen zu können. Das gilt auch für die Technologien des neuen Zeitalters. Fragen wir ehrlich, was glauben diese religiösen Ludditen, wie sie im neuen Äon überleben wollen, wenn sie nicht lernen auf bestmögliche Art und Weise mit den technischen Innovationen umzugehen?

Viele Technologien sind seit Jahrtausenden Gegenstand religiöser Verehrung. Wer dieser Aussage nicht sofort folgen kann, der vergisst, dass Bücher auch eine mediale Technologie sind. Sie waren früher das, was die heutigen Smartphones in diesem Jahrzehnt darstellen. Das Buch als Technologie ist im vergangenen Äon zur religiös höchst verehrten Sache des gesamten Planeten aufgestiegen. Ähnliche Entwicklungen werden im neuen Äon auch zu erwarten sein. Früher oder später wird sich eine Technologiereligion als Teil der neuheidnischen Bewegung zweifelsfrei gründen.

Religion und Spiritualität muss sich im digitalen Zeitalter nicht neu erfinden. Denn alle Technologie ist ein Teil der natürlichen Entwicklung des Planeten. Zu glauben, dass unsere Götter und Göttinnen von uns erwarten, dass wir uns wie die Menschen vor tausend Jahren kleiden, verhalten und so leben, ist idiotisch. Die heidnischen

Gottheiten existierten vor zweitausend Jahren, genauso wie sie heute existieren und in zehntausend Jahren existieren werden. Zu jedem dieser Zeitpunkte wollten sie von uns genau dasselbe, nämlich dass wir so erfolgreich wie möglich sind.

Die Götter und Göttinnen haben in uns große Samen gesät, die uns zu Außergewöhnlichem befähigen. Glaubt ihr denn, das haben sie getan, damit wir alle technischen Wunder ignorieren und die Möglichkeiten, die sie uns versprechen einfach im Klo runterspülen, statt sie zum maximalen Vorteil für uns und die heidnische Gemeinschaft zu nutzen? Kein intelligenter Mensch kann das glauben.

Wir sind hier und jetzt. Die Götter sind hier und jetzt. Machen wir das Beste aus dem, was diese Zeit bietet. Dadurch machen wir die höheren Wesen stolz auf uns. Warum sollte ich einen Text zu Ehren der naturreligiösen Gottheiten wie diesen hier schreiben und mir dann in einer Druckerpresse zweihundert Stück herstellen lassen, die ich dann im Tür zu Tür Verkauf unter die Leute bringe, wenn ich das Ganze auch auf den digitalen Marktplätzen hochladen kann, wo es dann von den jeweiligen Anbietern auf Bestellung gedruckt wird und mir den Zugang zu einem viel größeren Markt bietet?

Die Götter und Göttinnen wollen nicht, dass wir uns wie die Ewiggestrigen verhalten. Sie wollen sehen, wie wir aus dem was uns umgibt und was uns gegeben ist, das Beste machen. Dazu brauchen wir natürlich wieder Mut, um uns auf das Neue einlassen zu können. Verurteilt mich für meine ehrlichen Worte, aber viele die sich in die Fantasie der Wikinger, Native Americans oder auch Schamanen versteifen, tun das aus bloßem Eskapismus, weil sie Angst vor der neuen Zeit haben oder sie von der schnellen Entwicklung überfordert sind. Das ist okay und mir ist das im Leben auch schon passiert. Doch es ist kein Weg zum Erfolg. Eskapismus ist immer ein Akt des Weglaufens. Aber es gibt keinen Grund wegzulaufen. Klar kann sich der Wind drehen, aber derzeit überwiegen die positiven Verheißungen der neuen Zeit die negativen. Ob es so bleibt, hängt nur von uns ab und wie sehr wir bereit sind zu investieren, um das Positive am Leben zu erhalten.

Das neue Äon ist da. Wir sind Kinder einer neuen Zeit. Auch die spirituellen Regeln werden dieser Tage neu geschrieben. Alles was in den letzten zweitausend Jahren spirituell feststand, steht zur Disposition. Die Regeln eines vergangenen Zeitalters verlieren im Neuen ihre Bedeutung. Dass wir uns in einem neuen Zeitalter befinden, kann wohl niemand bezweifeln. Es wird auch ein neues spirituelles Zeitalter sein, indem die spirituellen Karten neu gemischt werden. Wir stehen ganz am Anfang dieses Zeitalters und welche Stellung wir Heiden darin einnehmen werden, wird sich erst noch zeigen. Im letzten Äon haben wir extrem viel verloren. Ich hoffe, wir sind lernfähig und machen es diesmal besser!

Echos in der Ewigkeit

Die Schritte im Sand der Zeit scheinen zu verschwinden, sobald eine neue Welle des Lebens über den Strand gerollt ist. Aber in Wahrheit wirft jeder unserer Schritte Echos in die grenzenlosen Weiten des zeitgebundenen Universums. Etwas von uns wird noch leben, wenn wir schon lange gestorben sind. Kein einzelner Moment ist losgelöst vom Strom der Zeit. Jede unserer Handlungen erzeugt Wellen im Raum–Zeit Gefüge und einige dieser Wellen werden noch schwingen, wenn sich keiner mehr an unsere heutige Welt erinnern wird.

Wer willst du in den Erinnerungen der Zukünftigen sein? Es steht außer Frage, dass sich irgendjemand an dich erinnern wird, nachdem du gestorben bist. Bei dem einen werden es mehr als bei der anderen sein. Aber dass es niemanden geben wird, der sich an dich erinnert, ist ausgeschlossen. Also wie willst du, dass sie sich an dich erinnern?

Der Ahnenkult, der in allen heidnischen Traditionen fester Bestandteil ist, beweist, wie wichtig innerhalb der paganen Religion die Kultur des Erinnerns ist. Das bietet natürlich jedem die Chance sich voll und ganz dem Paganen hingeben und so sicher sein zu können, dass sich die Paganen der Zukunft an eine:n spirituell erinnern werden; vielmehr noch: Sie werden dich spirituell verehren. Denn die spirituelle Verehrung unserer Ahnen ist ein unumstößliches Element des Heidentums.

Sehen wir uns noch einmal das Bild des Wassers und der Welle an. Die Welle geht aus einer Energie hervor und sie verschwindet dann auch nicht einfach, sondern ihre Energie wird erneut umgewandelt und lebt weiter. Auch wir sind wie diese Welle auf dem Ozean. Selbst wenn wir als Welle verschwinden, so bleibt doch die Energie, die die Welle hervorgebracht hat, bestehen. Aber sie ist nicht mehr die gleiche. Denn das Wesen der Welle hat die Energie verändert und sie prägt sie auch weiterhin. Genauso wird unsere Energie am Ende unseres Lebens transzendiert. Sie geht nicht verloren und deshalb geht auch nichts von dem, was wir tun oder sagen verloren. Es ist wie mit einem Dominospiel. Der erste Stein fällt um und seine Kraft überträgt sich auf den nächsten, der wiederum umfällt. So beeinflusst ein Stein alle weiteren und es ist genau das, wie dein Leben in der Kette der Existenzen funktioniert.

Wenn man sich an uns erinnern wird und alles, was wir tun, weiterwirken wird, dann muss jeder von uns sich ganz genau überlegen, wie er sein oder ihr Leben gestalten will. Es ist nichts anderes als die Frage, ob wir faulenzen und dadurch mittelmäßig werden wollen? Oder ob wir alles geben wollen, um zu einer Legende zu werden? Ich persönlich halte nur letzteres für erstrebenswert. Meiner Erfahrung nach macht faul sein Menschen unterschwellig unglücklich.

Ich glaube an das Schicksal und ich glaube, dass die Erfüllung unseres Schicksals das ist, was von uns in der

Ewigkeit widerhallen wird. Natürlich habe ich keinen Zweifel, dass es höhere Mächte gibt, die in jede Wiege die Samen für ein großes Schicksal legen. Aber das ist völlig bedeutungslos, solange wir den Samen nicht mit genügend Nährstoffen versorgen und ihn nicht gut düngen und bewässern. Wir Paganen sollten diese Gefahr ernst nehmen. Denn die höheren Mächte glauben an uns und gleichzeitig schaffen es zu wenig Pagane über ihr eigenes Mittelmaß hinauszukommen.

Dass das auch an einem Mangel an Glauben liegt, ist selbstverständlich. Unsere Welt mit ihren bunten Bildschirmen und teuren Luxusartikeln wirkt so dermaßen verführerisch, dass wir alles andere vergessen. Aber ich darf euch garantieren, dass jede:r, die oder der zugunsten stumpfen Konsums ihr Schicksal aufgegeben hat, es im Alter (falls er es erreicht) bereuen wird.

Es ist eure Aufgabe, im Leben ein Echo zu hinterlassen, dass es Wert ist, gehört zu werden. Nehmt diese Aufgabe ernst und verschwendet keine Zeit. Alles was ihr tut und sagt, wird in der Ewigkeit des Universums widerhallen. Weder sind eure Taten verloren, noch sind sie überflüssig. Ihr hinterlasst eure Fußabdrücke im Strom der Zeit. Seid euch dessen bewusst! Nutzt jeden Augenblick, um ein Echo in die Weiten des Unendlichen hinauszuschicken, das hörenswert ist.

Tödliches Charisma

Lasst mich am Ende noch eine Warnung aussprechen: Verfallt nicht dem Charme schöner, schmeichelnder Worte, die keine Tiefe haben. Die Geschichtsbücher sind voll von Menschen, die sich von dem Charisma Einzelner haben blenden lassen. Sie folgten den charismatischen Personenzügen ihrer Anführer auch dann, wenn diese außer ihrem Charisma keinerlei Qualitäten besaßen. Dann wunderten sie sich, als ihre Welt zusammenbrach und sie alles verloren haben.

Charisma ist eine faszinierende Sache. Sie hat auch einige gute Eigenschaften, die richtig dosiert, wirklich bereichernd wirken können. Aber es hat auch eine dunkle Schattenseite. Ganze Völker sind diesem bösen Zauber erlegen und in den Krieg abgerutscht. Die Ausmaße der Schattenseite sind leider so desaströs, dass die positiven Seiten dagegen nahezu unscheinbar werden.

Dennoch brauchen wir Menschen, die in der paganen Bewegung Führungspositionen übernehmen wollen. Wir brauchen sogar möglichst viele, die dazu bereit sind, damit ein natürlicher Konkurrenzkampf entsteht und sich die Besten aufgrund ihrer Qualität auszeichnen. Leider hat das Charisma die Eigenschaft zu blenden. Es ist wie eine Art Halo Effekt und sie blendet die Menschen. Die Leute hören die doppelzüngigen Reden, halten sie für wahr und rasen dadurch in ihr Verhängnis. Leider zeigt die Vergangenheit, dass wir Menschen zu leicht bereit sind, einfache Lügen zu glauben. Der Grund ist meist derselbe: Wir sind von Natur aus träge und deshalb meist zu faul, die Dinge ernsthaft zu durchdenken. So ist es leicht für charismatische Menschen ihre Lügen massentauglich zu verkaufen. Leider zeigt die Geschichte, dass der Preis, den die Bevölkerung für ihre anfängliche Denkfaulheit zahlen muss, im Nachhinein fast immer um ein Vielfaches größer war.

Große politische Denker warnen seit jeher vor den Opportunisten und nennen sie die größten Feinde, die eine politische Bewegung haben kann. Das passiert meist dann, wenn eine Bewegung einflussreich geworden ist. Dann zieht sie Menschen an, die leider nicht aus hehren Motiven beitreten, um sich für das Gute zu engagieren. Sondern ihr Aktivismus ist reines Machtkalkül, von dem sie sich persönliche Vorteile versprechen. Im Grunde ist es gut und logisch, wenn Menschen etwas für sich tun. Aber bei einem Opportunisten nimmt das andere Ausmaße an, die extrem negative Folgen haben können. Darum müssen sich alle, nicht nur die Paganen, vor Opportunisten in Acht nehmen.

Das Charisma hat den Vorteil, dass es unsere Bewegung nach vorne bringen kann und es hat den Nachteil, dass es einzelne Gesichter zu Erkennungsbildern machen kann, wodurch sie den tiefen Geist des Paganen zerstören könnten. Es geht in der paganen Bewegung nicht um den Einzelnen. Sondern es geht um den Einzelnen als Teil der Bewegung. Denn wir sind ein Kollektiv und nicht ein

Zusammenschluss entfremdeter Individuen, wie es bei den Atheisten zu sein scheint.

Wir brauchen selbstverständlich den oder die Einzelne:n. Denn auch eine altägyptische Pyramide ist nichts anderes als das als Einheit erscheinende Bild der Pyramide. Jeder einzelne Stein ist nötig gewesen, damit sie im Glanz erstrahlen konnte. Aber es ist wichtig zu begreifen, was wir von dem Einzelnen brauchen. Wir brauchen seinen Fleiß und die Bereitschaft die pagane Bewegung so gut wie möglich zu unterstützen.

Das Problem liegt nicht im Charisma, sondern dass der Feind uns infiltriert hat und das Charisma für den Dolchstoß missbraucht. Ich warne eindringlich vor Leuten, die ihren Einfluss mithilfe des Charismas erlangen. Wer nur ein begnadeter Redner und Agitator ist, hat keinen Platz in der Führungsriege verdient. Schafft er es so, ist jede politische Arbeit gefährdet. Im Grunde ist Charisma wie Schaumschlagen: Es sieht schön aus, hat aber wenig Tiefe. Wer allein sein Charisma nutzt, der ist eine Gefahr. Natürlich ist Charisma auf der anderen Seite hilfreich; aber nur wenn es richtig genutzt wird.

Wir brauchen Mitglieder, die klotzen statt kleckern. Probleme löst man nicht, indem man sich wie ein Model verhält, sondern indem man auf dem Boden der Tatsachen hart arbeitet. Die pagane Bewegung, die nun einmal vor langer Zeit die größte Bewegung der Erde war, braucht dringend aktive Mitglieder, die bereit sind, sich tief in ein Thema einzuarbeiten, um es zu lösen. Deshalb müssen wir verstehen, dass ein Problem nur durch harte und kluge Arbeit gelöst werden kann. Dabei kann Charisma eine untergeordnete Rolle als Teil mehrerer anderer Eigenschaften spielen.

Warum du dich der paganen Bewegung anschließen solltest?

Natürlich braucht dich die pagane Bewegung. Ohne dich könnte sie einstürzen wie ein Kartenhaus. Aber sie braucht dich nicht nur. Sie bietet dir auch viel und das was sie dir bietet, wenn du dich mit ganzem Herzen darauf einlässt, überwiegt das, was sie von dir braucht um ein Vielfaches. Du gewinnst mehr als Teil der paganen Bewegung, als was sie dich kostet.

Mit anderen Paganen die Veranstaltungen der paganen Bewegung zu planen und zu organisieren, weckt das Gemeinschaftsgefühl. Das ist etwas besonderes und heute leider zu einer Seltenheit geworden. Die Leute heulen rum, wenn sie etwas für die Gemeinschaft tun sollen und verschwenden dann Stunden ihrer kostbaren Lebenszeit vor TV oder beim Zocken. Jemand, der oder die sich als Teil einer sozialen Gruppe wahrnimmt, wird dadurch resilienter. In einer Welt, welche voll von physischen, psychischen und sozialen Stressoren ist, ist das Gefühl Teil einer großen Bewegung zu sein wie Balsam. Schon allein aus diesem Grund lohnt es sich, Mitglied zu werden.

Wir suchen den Sinn im Leben. Abgesehen davon, dass es gesundheitsfördernd ist, einen tiefen, spirituellen Sinn im Leben zu haben, entspricht dieser Wunsch der ständig lauernden Sehnsucht mehr sein zu wollen. Die Bewegung der paganen Partei stiftet Sinn. Damit erfüllt sie das Leben mit etwas wertvollem, das alles golden strahlen lässt. Wenn du also noch keinen Sinn im Leben gefunden hast, dann vielleicht, weil du innerlich zerrissen bist. Das ist nicht ungewöhnlich, denn die großen Städte unseres Planeten sind voll von Menschen, die ihren Lebenssinn suchen. Mit der paganen Bewegung kannst du etwas gutes bewirken und erlangst den tiefen Sinn, der hinter allen Erscheinungen steckt.

Wieder kommt das nicht über Nacht oder ohne das man einen Preis dafür zahlen müsste. Die pagane Bewegung verlangt ihren Beitrag und zwar aus zwei Gründen. Zum einen braucht sie dich und das ist gut und gibt dir Selbstwertgefühl. Zum anderen fördert es die eigene charakterliche Entwicklung. Faulheit sorgt langfristig immer dazu, dass man einen schlechten Charakter entwickelt. Das Privileg zu besitzen, für die pagane Bewegung tätig sein zu dürfen, beinhaltet auch das Privileg etwas für die eigene Entwicklung tun zu dürfen. Müßig zu erwähnen, dass diese Hilfsbereitschaft nicht ausgenutzt werden darf und dass alle Dinge, die uns im Leben scheinbar kostenlos angeboten werden, oft versteckte Kosten haben, die erschreckend hoch sind.

Jeder Mensch muss seinen Weg wählen. In den Ländern mit freien Wahlen gibt es im Gros tatsächlich niemanden, der uns einen Weg aufzwingen kann, solange wir das nicht zulassen. Im Vergleich mit anderen historischen Epochen haben wir ein Maximum an Freiheit und Wohlstand erreicht. Wir sind privilegiert, auch wenn niemand leugnen kann, dass dieser Zustand bedroht ist. Jede:r der oder die sich in einer bewegten Zeit in einem gemütlichen Zuhause versteckt und hofft, dass die dunklen Wolken vorüberziehen, hat nichts aus der Geschichte gelernt. Wir werden die Prüfungen, die mit Eiltempo auf uns zurasen, meistern müssen, indem wir uns ihnen mutig stellen. Ansonsten werden sie uns unbarmherzig plattwalzen. Genauso wenig kann es ein Mensch alleine schaffen. Wir brauchen einander.

Die Mächte der Erde ordnen sich dieser Tage wieder einmal neu. An der Schwelle dieses technologischen Zeitalters steht alles zur Disposition, an was wir uns gewöhnt haben. Das ist weniger ungewöhnlich, als es klingt. Es ist einfach der Lauf der Zeit. Es war früher so und wird in Zukunft auch so sein. Nur gemeinsam werden wir diesem Sturm und den Stürmen, die ihm folgen werden, standhalten. Deshalb und wenn dein Herz der Natur gehört, ist dein Weg der Pagane. Die pagane Bewegung heißt dich als eine:n der ihren willkommen. Gleiches zu gleichem!

Teil einer Bewegung zu sein, bringt Rechte und Pflichten zugleich. Aber Mitglied der paganen Bewegung zu sein, bedeutet, an etwas legendärem beteiligt zu sein. Wir wissen zu wenig von der Welt der Altvorderen, um sie wirklich fühlen und verstehen zu können. Jedoch dürfen wir uns sicher sein, in diesen Tagen das sagenumwobene Band unserer Ahnen wieder aufnehmen zu können. Aus mythischer Vorzeit reicht es bis zu uns und wir sind die, die es weiterreichen werden. Es ist episch und wenn wir alles geben, was an Feuer in unserem heidnischen Herzen brennt, dann können wir Teil von etwas weltbewegendem werden.

Die Zukunft ist offen

Mein Herz habe ich der Norne Skuld geschenkt. Sie steht für die Zukunft und mit ihren Schwestern symbolisiert sie den Fluss der Zeit, wobei ihr wahres Wesen weit darüber hinausgeht. Vielleicht kennen sie die Zukunft und wissen, wohin uns unsere politischen Kämpfe führen werden. Oder vielleicht ist es so, dass die Nornen die Zillionen an Möglichkeiten mit dazugehörigen Wahrscheinlichkeiten sehen, welche aus unseren heutigen Worten und Taten entstehen können. Wir wissen es nicht. Aus der Sicht unseres menschlichen Daseins ist die Zukunft immer offen, mysteriös und unvorhersehbar.

Dennoch gibt es das Gesetz der Wahrscheinlichkeit und es gibt die Kraft des menschlichen Willens. Beides birgt Hoffnungen und Sorgen zugleich. Es bleibt die Totalität des Augenblicks, die unser ganzes Leben bestimmt. In ihm sind wir und aus ihm heraus können wir Berge versetzen. Die Legende vom Schmetterling, der einen Wirbelsturm auslösen kann, ist um die Welt gegangen. In ihr steckt mehr Wahrheit, als sich das eine:r von uns vorstellen kann. Sie sagt nichts anderes, als das in jedem einzelnen von uns echte Größe steckt.

Zu wenige erweckten in sich diese vom Schicksal verliehene Größe und deshalb ist die Welt, da wo sie ist. Unkalkulierbare Technologien, verfeindete Weltblöcke und disruptive klimatische Veränderungen prägen unsere Gegenwart. All diese Gefahren hätten verhindert werden können, wenn die Menschen der letzten fünfzig Jahre die Größe in sich erweckt hätten, statt sich dem Rausch der Unterhaltungsindustrie hinzugeben. Ihr Müßiggang; ihre Weigerung ihr Schicksal anzunehmen, ist zur Bürde der kommenden Generation geworden. Lasst uns besser sein.

Wenn wir am Strand etwas Sand aufheben, rieselt er durch unsere Finger. Genauso rieselt die Zeit an unseren Knochen und Muskeln herab. Da ist kein Augenblick mehr, den wir verschwenden dürfen. Hier und jetzt müssen wir aufstehen, uns auf die Brust schlagen und schwören, nie wieder zu ruhen, bis die Größe, die in uns ruht, erblüht ist. Jeder Mensch, selbst der Kleinste oder die, die ohne Beine und Arme geboren sind, besitzt die Chance ein großes Schicksal zu erfüllen. Nur wer wagt, kann gewinnen und es gibt keine andere Niederlage, als sich zu drücken und es nicht zu probieren. TV und Apps zu konsumieren, ist das in unseren Tagen, was bedeutet, dass man sich weigert sich seinem (ihrem) Schicksal zu stellen. In den alten Tagen waren es Alkohol und Karten. Der Schmerz der Reue wiegt schwer, aber noch gibt es nichts zu bereuen. Hier und heute können wir die Schritte auf dem Pfad des Schicksals wagen.

Das Leben ist ein Wagnis und sein einziger Ausweg ist der Tod. Er ist es, der uns alle wieder gleichmacht. Doch auf dem Weg dorthin, unterscheiden wir uns. Jede:r von uns muss den Pfad wählen, der für ihn oder sie der richtige ist. Doch selbst dabei gibt es allgemeine Regeln. Wer sich unter Wert verkauft oder einen Weg wählt, der unter seinen Fähigkeiten bleibt, der wird am Ende seines Lebens vor Reue leiden. So sagt es der Volksmund und wir Heiden haben dem nur hinzuzufügen, dass ihn diese Feigheit auch noch nach seinem oder ihrem Tod in der nächsten Welt weiter quälen wird.

Für jede:n, der oder die eins mit ihrem Herzen ist, bleibt nur der Weg des Mutes. Dieser kennt nur ein Ziel und das ist das Schicksal. Wir sind die Naturreligiösen. Wir glauben nicht, dass wir die höchste Spezies auf der Erde sind, aber wir glauben, dass sich hinter allem ein tieferer Sinn verbirgt. Für jene die spirituell sehen können, offenbaren sich die Zeichen, Wunder und Prophezeiungen bei der Geburt eines Kindes und es gibt kein Kind, dem kein Schicksal in die Wiege gelegt worden ist. Dieses Schicksal anzunehmen und es zu erfüllen, ist die spirituelle Aufgabe jedes paganen Menschen, denn es ist von überirdischer Natur und ein kostbares Privileg.

Welch besseren Weg gibt es, dein Schicksal zu erfüllen, als mit ganzem Herzen der paganen Bewegung zu dienen? Sie ist das Leuchtfeuer eines neuen Zeitalters und zugleich das Band zu den Altvorderen und ihrem Erbe. Sie ist die Heimat für alle Sinnsuchenden und der Hafen für jene, die sich nach einer sicheren Gemeinschaft sehnen. Entzünde das Feuer deines Herzens und lass die Welt Teil haben an deiner Einzigartigkeit!